Christa Ludwig

Ein Lied für Daphnes Fohlen

Christa Ludwig

Ein Lied für Daphnes Fohlen

Eine Geschichte um Alexander den Großen

Verlag Freies Geistesleben

ISBN 3-7725-1990-3

1. Auflage der überarbeiteten Neuausgabe 2001

Verlag Freies Geistesleben
Landhausstraße 82, 70190 Stuttgart
Internet: www.geistesleben.com

Die erste Ausgabe erschien 1994 im anrich Verlag, Kevelaer

Umschlagillustration: Ludvik Glazer-Naudé
Druck: Wiener Verlag, Himberg

Inhalt

Vorwort

Im August des Jahres 356 vor Christus erhielt König Philipp von Makedonien an einem Tag drei gute Nachrichten:

- einer seiner Feldherren hatte ihm eine wichtige Schlacht gewonnen;
- eines seiner Pferde wurde Sieger bei den Olympischen Spielen;
- eine seiner Frauen hatte ihm einen Sohn geboren.

Es heißt, Philipp habe nicht gewusst, welche dieser Nachrichten die wichtigste war.

Im April des Jahres 347 vor Christus beginnt diese Geschichte. Da wusste König Philipp, welche jener drei Nachrichten die wichtigste war: Sein Sohn Alexander war ein besonderes Kind. Alles ging schnell mit ihm: Er lernte schnell, dachte schnell, handelte schnell, er lief schnell, er ritt schnell – aber er wuchs langsam. Ein schönes Kind sei er gewesen. Er hatte weiche, fast mädchenhafte Gesichtszüge, lange blonde Locken, er hatte die Angewohnheit, den Kopf leicht nach links geneigt zu halten, und er hatte seltsam verschiedenfarbene Augen. Nur seine Beine waren zu kurz. Wahrscheinlich brauchte er deshalb so bald ein großes, prächtiges Pferd. Um jene Zeit wurde irgendwo – wir wissen nicht genau wo – jenes Pferd gezeugt, von dem diese Geschichte erzählt.

Ungefähr im Jahr 344 vor Christus brachte Philoneikes, ein Pferdezüchter aus Thessalien, ein Pferd nach Pella an den makedonischen Königshof, einen heftigen schwarzen Hengst, den niemand reiten konnte …

All das steht in den Geschichtsbüchern. Nichts steht in den Geschichtsbüchern von den anderen Freunden, die das außergewöhnliche Pferd hatte. Und doch sind sie wichtig. Wäre Alexander wirklich Alexander der Große geworden, wenn er nicht solch ein Pferd gehabt hätte? Und hätte er ein solches Pferd bekommen, wäre da nicht Phoebe gewesen, die kleine Rinderhirtin mit der Flöte, die sich unter die Pferdejungen an Philipps Hof mischte und ein Lied spielte für Daphnes Fohlen …

Die Flöte

Wenn König Philipp von Makedonien mit seinem einzigen Sohn in der Aprilsonne auf die Jagd ritt, änderten alle Geräusche im Land ihren Klang: Der Wind rauschte in den Zweigen, als griffe er in die Saiten einer Äolsharfe, der Bach plätscherte über die Kiesel wie über hell klingende Edelsteine, Steinbrocken sprangen die Berge hinab und schlugen auf den Fels wie Schlegel auf ein Xylophon, wenn König Philipp von Makedonien mit seinem Lieblingssohn auf die Jagd ritt …

Und dennoch war der König traurig.

Wie sehr sich Wind, Fels und Bach auch mühten, nichts konnte die Klänge ersetzen, die vor drei Monaten im Königspalast gestorben waren. Thersites, der Flötenspieler, war tot. Stumm waren die Abende geworden, leer die Feste und Gastmahle. Viel schwerer zu ertragen war jedoch das Wiehern von des Königs Lieblingsstute. Daphne, die fuchshelle, leichtfüßige, sollte seit Tagen zum Hengst geführt werden, um ihr erstes Fohlen zu empfangen, und es fehlte Thersites, der Flötenspieler, der einzige Flötenspieler in Makedonien und Griechenland, der bei der Begegnung von diesem Hengst und dieser Stute hätte spielen können. Denn ein Fohlen wird so schön wie das Flötenspiel, das bei seiner Zeugung erklingt. Alexander, der Königssohn, war noch keine neun Jahre alt. Er hatte geweint, als Thersites starb, als hätte er den alten Mann geliebt. Kein anderer durfte die Flöte spielen, wenn sie Daphne zu Areion, dem schwarzen Kampfhengst seines Vaters, führten, denn Daphnes Fohlen sollte sein Fohlen werden. Daphne, so hatte er beschlossen, würde das Pferd gebären, mit dem er die Welt erobern wollte. Er musste einen Flötenspieler finden, solange die Stute rossig war und nach dem Hengst schrie.

Wenn Alexander, der Königssohn, etwas Bestimmtes hören wollte, mussten alle anderen Geräusche schweigen.

In raschem Galopp ritten der König und sein Gefolge auf ihren schnellen Jagdpferden heim. Hufe schlugen auf felsigen Boden, aber Alexander lauschte auf etwas anderes, und er wollte nichts hören als das, was er hören wollte. Da verhielt der Wind vor der Äolsharfe, da verharrte der Bach über den Edelsteinen, still lagen die Felsen am Hang.

Und Alexander hörte, was er hören wollte.

Er zog die Zügel an und parierte sein Pferd aus dem Galopp. Die anderen ritten weiter. Dem König gelang es als Erstem, sein Pferd zu wenden. Verwundert schaute er auf seinen Sohn. Dem klebten die verschwitzten blonden Locken im Gesicht, er hielt den Kopf schief, leicht nach links geneigt, die blauen Augen leuchteten hell, das linke kühl wie der Winterhimmel, das rechte dunkler, tiefblau, wie manchmal in der Ferne der Himmel, aber nur selten eines Menschen Auge ist. Und da hörte Philipp es auch:

Unten in der Senke, jenseits des Felsens, spielte jemand Flöte.

«Wenn mein Fohlen so schön wird, wie dieser da Flöte spielt», flüsterte Alexander, »so will ich zufrieden sein.»

Und es kam selten vor, dass er zufrieden war.

Er wendete sein Pferd und galoppierte in die Senke.

Der Vater folgte ihm, aber der Abstand zu seinem Sohn wurde größer. Philipp wusste, er selber würde stürzen bei solch einem Ritt, sein Sohn nicht. Der jagte am Abgrund entlang, durch einen frühlingsbrausenden Bach, den Steilhang hinunter. Und wenn er wirklich, wirklich einmal stürzte, er würde auf jenes weiche Moospolster fallen zwischen Gestein und Geröll – zu viele Möglichkeiten, den Hals zu brechen, hatte Alexander schon ergriffen und überlebt.

Der König ritt langsam hinab, fand schließlich den Sohn entsetzt, erstarrt.

«Vater», sagte er, «wie wird der spielen, wenn er noch zehn Jahre lang geübt hat? Aber ich will doch mein Fohlen jetzt, sofort.»

Alles lernte Alexander schnell, nur nicht warten, das nicht. Sie hatten geglaubt, einen alten Hirten zu finden. Was sie aber da mit offenem Mund anstarrte und neben dem Bergbach über der Rinderherde die Doppelflöte in der Hand hielt, das war ein Kind.

Und –

«Bei Zeus und allen Göttern», sagte der König, «das ist ein Mädchen.»

Phoebe

Phoebe hatte Angst.

Nicht weil der König gesagt hatte, er wolle sie mitnehmen nach Pella und sie solle dort Flöte spielen. Zum Königshof gehen wollte sie gern, und Flöte spielen – das konnte sie. Die Töne sprangen aus ihrer Flöte wie neugeborene Kälber über die Frühlingsweide. Oder sie zog Melodien aus den Stäben der Syrinx, die besänftigten die wildesten Stiere. Schon im letzten Jahr, als man dem schäumenden Meergott Poseidon das Opfer brachte, war sie es gewesen, die den tobenden jungen Opferstier mit ihrer Musik zum Altar begleitet hatte. Des Königs Worte: «Du sollst für uns Flöte spielen», schreckten sie nicht, aber –

«Wir müssen ihr die Augen verbinden!»

Das hatte der Königssohn gesagt, und zitternd hatte Phoebe versucht, die Flöte in ihren Kleidern zu verbergen.

«Komm», sagte Philipp, und Phoebe stieß sich vom Felsen ab. Einem König muss ein Hirtenmädchen gehorchen, auch wenn es Angst hat. Er fasste sie unter den Armen und setzte sie vor sich auf sein Pferd. Dass er nur ein Auge hatte, wussten alle im Land. Ein thrakischer Bogenschütze hatte ihm das linke Auge ausgeschossen. Philipp trug ein goldenes Band schräg über der Stirn, es verdeckte die leere linke Augenhöhle, das rechte Auge aber blickte klar und hell, kühlblau wie der Winterhimmel, und das linke war gewiss genauso gewesen, die Einäugigkeit des Königs war nicht so verwirrend wie die zweifarbenen Augen seines Sohnes. Den konnte Phoebe nicht anschauen wie einen einfachen, einzelnen Menschen. Ihr Blick irrte von dem einen Auge zu dem anderen, von dem klaren, hellblauen linken zu dem dunkelblauen rechten.

Sie hatte einen großen Bruder, der fuhr mit einem Kaufmann über das Meer, und immer, wenn er heimkam, sagte er zu ihr: «Es gibt ein Blau, ein seltsam tiefes Blau, das ist immer in der Ferne. Du erreichst es nie. Es ist immer da, wo du nicht bist. Du segelst ihm nach, und wenn du hinkommst, wo es war, so ist es schon wieder in der Ferne. Du bist traurig, weil es fort ist, aber du bist auch glücklich, weil du da sein darfst, wo es vor kurzer Zeit noch gewesen ist.»

Oh, wenn ihr großer Bruder doch einmal in das rechte Auge des Prinzen blicken dürfte …

Was wäre, wenn Alexander zwei solche Augen hätte …

Er hielt den Kopf etwas schief, leicht nach links geneigt. Phoebe schaute hin und her, von dem hellen Auge des Königssohnes zu dem dunklen. Es kam ihr vor, als sähe sie zwei Gesichter von zwei verschiedenen Menschen, und sie wusste nicht:

Welchem von diesen beiden musste sie gehorchen?

Wer erschreckte sie mehr?

Wen verehrte sie mehr?

Und:

Welcher von diesen beiden hatte gesagt: «Wir müssen ihr die Augen verbinden»?

Olympias, die Königin

Sogar die Griechen, die das Wilde verabscheuten, mussten zugeben, dass Olympias schön war. Siebzehn Jahre war sie gewesen, als König Philipp sie sah und sich bald darauf mit ihr vermählte. Eine Glücksheirat. Sie war eine Prinzessin aus Epiros, dem westlichen Nachbarland von Makedonien – Wilde, Barbaren, sagten die Griechen. Die Verbindung brachte Philipp Frieden mit seinen westlichen Nachbarn. Eine Glücksheirat.

Philipps erste Frau starb bei der Geburt ihrer Tochter. Seine zweite Frau Phila blieb kinderlos. Aber ein König braucht Kinder, und Söhne müssen es sein. Nach makedonischem Recht durfte der König mehrere Frauen gleichzeitig haben. So heiratete er die junge Prinzessin aus Epiros, und Olympias gebar – achtzehn Jahre alt – Alexander. Eine Glücksheirat! Wirklich? Philipp, der Makedonier, war trotz seiner vielen Feldzüge und Eroberungen ein besonnener Mann. Nur einmal, urteilten seine späteren Geschichtsschreiber, habe er sich mehr vorgenommen, als er bewältigen konnte. Das war, als er Olympias zur Frau nahm. Die Prinzessin aus Epiros zog ein in den Königshof von Pella mit ihren Löwen, Leoparden und Schlangen.

König Philipp hatte das Hirtenmädchen noch vor sich auf dem Pferd, als die Jagdgesellschaft in den Palasthof trabte. Phoebe krallte die Hände in die Mähne des Pferdes. Zwar hielt Philipp sie fest, aber sie wagte es nicht, sich an einen König anzulehnen. Immerhin, sie hatten ihr bislang nicht die Augen verbunden.

Die weißen Stufen von der Säulenhalle des Palastes hinunter schritt Olympias, die Königin, Alexanders Mutter.

«Sieh», rief Philipp ihr entgegen, «wir haben einen Ersatz für Thersites gefunden. Das Mädchen spielt Flöte wie Apoll die Leier.»

Olympias schaute Phoebe prüfend an. Sie hielt den Kopf etwas schief, nach links geneigt –

Wie der Prinz, dachte Phoebe erschrocken.

Warum hatte sie solche Angst vor dieser Frau?

Die sagte gar nicht: Wir müssen ihr die Augen verbinden. Sie sagte: «Wir werden sie baden in Thymianöl. Wir geben ihr Kleider und Schmuck …»

Das alles wollte Phoebe gern. Davor hatte sie keine Angst: schöne Kleider, wie die Königin sie trug, einen langen Chiton aus weichem, fließendem Stoff, an beiden Schultern gehalten von großen goldenen Spangen – Schmuck, wie die Königin ihn trug, ein goldenes Diadem mit getriebenen Rankenmustern in den blonden Locken, große Ohrgehänge aus feinstem, zu Rosetten gebogenem Golddraht, einen langen Armreif, der sich wie eine grüngoldene Schlange ihren rechten Arm hinaufringelte – Phoebe starrte gebannt auf den Armreif. Hatte sie richtig gesehen? Die kleine, grüngoldene Schlange bewegte sich. Der flache Schlangenkopf öffnete sich weit, winzige, smaragdgrüne Augen funkelten Phoebe an, zwischen den offenen Kiefern zitterte eine dünne, gespaltene Zunge.

Phoebe wich zurück und drückte den Rücken erschreckt an die Brust des Königs.

Olympias lachte.

Ihre linke Hand fasste die Schlange am Kopf, zog sie sacht vom Arm, legte sie sich um den Hals. Aus dem schmalen Schlitz des geschlossenen Maules züngelte die gespaltene Zunge.

«Nicht solchen Schmuck bekommst du», sagte Olympias. «Ich gebe dir Armreifen aus echtem Gold. Ketten aus echten Schlangen trage nur ich.»

Die Pferde

Sklaven gossen Wasser auf den Sandplatz im Innenhof der Pferdeställe.

«Nicht zu viel», sagte der König. «Die Pferde dürfen nicht rutschen. Aber sie sollen auch keinen Staub aufwirbeln, sonst muss unsere Flötenspielerin husten, und das wäre schlimm.»

Phoebe lehnte am Brunnen der Pferdetränke und duftete nach Myrrhe und Thymian. Sklavinnen der Königin hatten sie gebadet und mit Ölen eingerieben, sie trug ein langes weißes Gewand, die goldenen Schulterspangen waren ihr zu groß und zu schwer, um ihre Fesseln klingelten goldene Fußreifen.

Zwei Pferdeknechte brachten Daphne, die fuchshelle Lieblingsstute des Königs. Sie lösten das schmale Lederhalfter und ließen das Pferd frei laufen. Daphne schüttelte sich, scharrte mit dem Vorderhuf im kühlfeuchten Sand.

«Treibt sie!», rief der König. «Sie soll sich nicht wälzen.»

Pferdeknechte sprangen herbei, unwillig trabte die Stute davon, ihre lange Mähne flatterte leicht. Sie kam zur Tränke, tauchte die schmale Nase kurz in das Wasser und schaute dann zu, wie die kräuselnden Wellen sich wieder beruhigten. Auch Phoebe blickte in den Brunnen. Sie sah ihr eigenes Gesicht, fremde Spangen im Haar, und das Maul der Stute, die das Wasser wieder kräuselte. Daphne hatte keinen Durst, sie spielte nur, drückte ihr feuchtes Maul Phoebe in den Nacken und prustete. Sie war ausgiebig getränkt und gründlich geputzt worden, aber sie hatte Hunger. Zuchtstuten sollen im Frühjahr mager sein, das hatten die Makedonier, die kaum selber Pferde züchteten, von den Thessaliern gelernt. Die Stute sei vor dem Decken mager, der Hengst gut genährt, so lehrten die Pferdezüchter aus Thessalien an der südlichen Grenze. Daphne warf den Kopf hoch und wieherte, wie Sprühregen eines Wasserfalls fiel es auf Phoebe herab. Durch die offene Stalltür entsprang den Pferdeknechten Areion, der schwarze Kampfhengst des Königs.

Auch er scharrte im Sand, aber es sah nicht so aus, als ob er sich wälzen wollte. Er hob den Kopf ganz hoch und zog die Oberlippe hoch, entblößte die Schneidezähne und sog die Luft ein. Das sah lustig aus. Phoebe musste lachen. Alexander trat neben sie.

«Du sollst nicht lachen. Du sollst spielen», sagte er. Aber da lachte Phoebe schon gar nicht mehr. Allerdings spielte sie auch nicht.

«Oh», sagte sie, «oh ...», und starrte den Hengst an, der in einem großen Kreis wiehernd um den Sandplatz trabte.

«Vater», schrie Alexander, «wir müssen ihr die Augen verbinden! Sonst steht sie nur da und guckt und spielt nicht!»

«Nein», sagte Philipp, «sie soll spielen, was sie sieht. Sie soll mit ihrer Musik erzählen, was sie sieht. Spiel, Mädchen, spiel endlich.»

Phoebe setzte die Doppelflöte an die Lippen. Ihre rechte Hand hielt die Bassflöte, die linke die Sopranflöte. Die rechte soll für den Hengst spielen, dachte Phoebe, die linke für die Stute.

Und sie spielte.

«Siehst du, mein Sohn», flüsterte Philipp und legte dem Jungen die Hände auf die zitternden Schultern, «hörst du, mein Sohn? Siehst du, was du hörst, und hörst du, was du siehst? Das Mädchen hat uns Apoll geschickt, und Daphnes Fohlen wird ein Götterpferd.»

Der Hengst rieb seinen dunklen Kopf an dem hellen Hals der Stute. Die schnaubte, wendete, lief davon, aber wartete, dass er ihr folgte. Acht Pferdehufe klangen knirschend im feuchten

Sand, vier rhythmisch stampfend wie die Finger auf der Bassflöte, vier fliegend leicht wie Phoebes linke Hand.

Dann aber blieb Areion mitten auf dem Sandplatz stehen. Er wölbte den Hals unter dem mächtigen Kamm seiner dunklen, geschorenen Mähne, er trat auf der Stelle, und er hob die Beine so hoch, als sollten sie niemals wieder den Boden berühren. Im kleinen Kreis trabte um ihn die Stute, Daphne, mit wehendem Schweif und fliegender Mähne, mit langsamen Tritten hob sie die Hufe, als hätten sie niemals den Boden berührt.

Mit einem langen Klagelaut sank Phoebe die Flöte von den Lippen. Oh, dachte sie, hätten sie mir doch die Augen verbunden.

«Spiel!», schrie Alexander und trat ihr heftig in den Rücken. Wahrscheinlich tat es weh. Sie spürte es kaum. Sie hob die Flöte – wie war die plötzlich schwer – und blies hinein, erschrak vor den krächzenden Tönen.

«Dies ist keine Krähenhochzeit!», schrie der Prinz. «Spiel! Ich will ein Götterpferd, keinen Rabenbastard.»

Phoebe schloss die Augen. An daheim denken. An die ruhigen, sanft gewellten Wiesen. An die stillen, flachen Augen wiederkäuender Ochsen. Oder an Poseidons Opferstier vom letzten Jahr. Auch der war ein prachtvolles Tier gewesen. Damals hatte sie spielen können. Aber hier? Das konnte sie nicht. Das war hoffnungslos. Warum hatte sie niemand darauf vorbereitet, wie sich zwei Pferde bewegen, die einander gefallen wollen? Eine leichte Hand legte sich auf ihre Schulter, und sie hörte die Stimme des Königs.

«Versuch es doch, Kind. Deine Musik ist so schön wie diese Pferde. Du kannst es.»

Phoebe hielt die Augen fest geschlossen, dachte an ihre Ochsen und spielte.

«Das taugt nichts!», schrie der Prinz. «So bringt doch den Hengst fort von der Stute!»

«Lasst», sagte der König, «das schafft keiner mehr.»

Alexander war wutrot im Gesicht, seine Stimme überschlug sich. «Schickt sie zurück zu ihren Ochsen! Sie hat alles verdorben.»

Verkleidung

Still blickten die schläfrigen Augen der wiederkäuenden Ochsen.

Müde von durchtanzten Nächten, hatte Pan, der Gott der Hirten – bocksbeinig, ziegenbärtig –, mit trägen Armen das Aprilgrün über die sacht gewellten Hügel gebreitet.

Die Hainbuchen standen gerade so weit auseinander, dass jede Baumnymphe ihren eigenen Schlaf träumte, und sie waren sich eben so nah, dass jede, erwachend, sich reckend und in die Äste sich streckend, der nächsten kichernd zupfeifen konnte, welcher Satyr – spitzohrig, stumpfnasig – sie in der Nacht verfolgt und wieder nicht erreicht hatte.

Phoebe lehnte am Hang zwischen den blitzenden Augen besonnter Eidechsen. Zum ersten Mal spürte sie die Ruhe ihrer Rinderweide, die schläfrige Gelassenheit des Hains. Sie bemerkte die Stille, weil sie ihr fehlte. Ihre Finger stolperten über die Doppelflöte. Sie versuchte die Panflöte, aber ihre Lippen zitterten auch über den Röhren der Syrinx. Sie empfand mit dem übervollen Frühlingsbach. Der hatte gestern brausend und springend den wilden Ritt des Königssohnes angespült und ihn schäumend vor ihre Füße geworfen: Alexander – verschwitzte blonde Locken in der Stirn, den Kopf nach links geneigt, das rechte Auge, das sehnsuchtsblaue, damit höher in den Himmel gehoben, unnötig hoch, blieb es doch schon auf Erden ewig fern. Sie musste fort, hier konnte sie nicht mehr bleiben.

Die Mutter wollte das zehnjährige Kind nicht allein nach Pella zum Königshof gehen lassen, aber Thamyris war da, ihr Bruder, und der wusste, wer einmal das ferne Blau gesehen hat, der muss ihm folgen.

«Alexander», sagte er, «ist kein gewöhnlicher Mensch, nicht einmal ein gewöhnlicher Königssohn, ja nicht einmal für den großen König Philipp ist er ein gewöhnlicher Königssohn. Er ist noch keine zehn Jahre alt, und schon reden sie von ihm drüben in Asien. Denn am Tage seiner Geburt brannte in Ephesos der Artemistempel ab, das Feuer sprengte die Steine, die Decke stürzte ein, die Säulen fielen um, Priester und Volk rannten schreiend durch die Straßen von Ephesos, und die Seher prophezeiten, an diesem Tag würde der Untergang der Stadt geboren. Und Artemis eilte nicht herbei, ihr Heiligtum zu schützen. Sie weilte in Pella und diente der jungen Königin Olympias als Hebamme, sie hörte den ersten Schrei des Knaben Alexander, sie wusch ihn, und wahrscheinlich war sie die Erste, die seine zweifarbenen Augen sah.»

«Aber der König hat Phoebe fortgeschickt», sagte die Mutter, «er will dich nicht als Flötenspielerin an seinem Hof haben.»

«Ich will auch nicht zum König. Ich will in den Ställen arbeiten wie ein Pferdejunge. Ich will für die trächtige Stute spielen, das Fohlen formen in ihrem Leib mit meiner Musik.»

«Und wie willst du vorgeben, dass man dich für einen Jungen hält?»

«Ich bin doch zu jung für einen Bart. Wenn ich eine Chlamys trage wie die Männer, wer soll dann sehen, dass ich ein Mädchen bin?»

«Aber», sagte die Mutter, «du bürstest einem Pferd die Beine, du bückst dich, um ihm die Hufe zu reinigen, dein Chiton verrutscht – und jeder sieht, dass du ein Mädchen bist.»

«Sie hat helle Haut und helle Haare», sagte der Bruder, «wir verkleiden sie als Thraker.»

So ein Kleidungsstück, wie er es nun vor ihnen ausbreitete,

hatten sie noch nie gesehen. Phoebe wickelte die zwei langen Schläuche um den Bauch, vorn hing ein breiteres Teil herab –

«So?»

Thamyris lachte.

Phoebe schlang die Schläuche um Brust, Schultern und Hals. Wie immer sie dieses seltsame Stück Stoff wand und wickelte, niemals deckte es ihren Körper. Der Bruder befreite sie aus dem Geschlinge, hob eines ihrer Beine, schob es in den einen Schlauch, das zweite in den anderen, hielt alles mit einem Strick um den Leib –

«… und niemand wird sehen, dass du ein Mädchen bist. Sie nennen es Hosen. Die Thraker und die Skythen tragen das viel. Auch andere Reitervölker. Ich schenke meiner Schwester eine Hose und leihe ihr meinen Namen. Du nennst dich Thamyris, so heißen viele Männer in Thrakien. König Philipp hat weite Teile des Landes erobert. Es gibt viele Waisen, die Arbeit suchen, und die Thraker verstehen sich auf Musik und auf Pferde.»

Phoebe ließ sich auf den Boden fallen, spreizte die Beine, rollte auf den Rücken, reckte die Füße hoch, zappelte, strampelte, kullerte durch die Hütte, lachte, sprang auf, der Mutter in die Arme.

«Ich werde selber vergessen, dass ich ein Mädchen bin. Wenn das Fohlen geboren ist, komme ich wieder. Vielleicht wächst mir dann schon ein Bart.»

Dionysosfeier

Thamyris hatte sie gewarnt. Thamyris hatte gesagt: «Wenn du Musik hörst, Cymbeln, Pauken, Flöten, so flieh, flieh in das tiefste Dickicht der Wälder. Lauernde Luchse und Leoparden, sprungbereit in den Zweigen und Ästen, sind nicht halb so wild wie die berauschten Mänaden, die tobenden Frauen bei den Dionysosfesten.»

Hatte sie das vergessen?

Sie hatte Anemonen gepflückt im Schatten der Buchen, Veilchen am Bach, hatte Kränze geflochten, einen für die Baumnymphen in die Zweige gehängt, einen für die Wassernymphen auf die Wellen gelegt, einen in die eigene Stirn gezogen. Alle ihre Oliven hatte sie gegessen und die meisten Nüsse, hatte Brot auf trockene Steine einer sonnigen Lichtung verteilt und mit der Panflöte Rehe gelockt. Es wollten keine kommen. Sie war ihnen nicht bös. Niemandem konnte sie bös sein an diesem Tag. Die Veilchen dufteten von ihrer Stirn. Auf den jungen, hellgrünen Lindenblättern flimmerte das Sonnenlicht, im leichten Wind flossen die Baumkronen wie Wasser, der Himmel war blau wie das rechte Auge des Prinzen, sie war ein Waldgeist in thrakischen Hosen, mit leerem Beutel, Flöten und Blumenkranz, sie aß ihr letztes Stück Käse und hatte nicht einmal Angst vor Schlangen. Thamyris, ihr Bruder, hatte so viele Lieder für sie gesungen, hatte so viele Geschichten erzählt, von Phrygiens Küste und den Felsen Ithakas, von weißen Segeln am Horizont – sollten ihr, wenn sie an des großen Bruders Worte dachte, Warnungen einfallen?

Als sie Musik hörte, lief sie geraden Wegs darauf zu.

Und dann waren die Frauen überall. Phoebe konnte nicht

mehr ausweichen. Die Mänaden tobten durch den Wald, berauscht vom Wein, den der verehrte Gott Dionysos den Menschen schenkte, sie bliesen die Flöten, sie schlugen die Becken der Cymbeln aufeinander und die flachen Hände auf die Pauken. Sie lärmten die Erinnerung an Thamyris' abenteuerliche Geschichten nieder und Phoebe hörte stattdessen die Warnung des Bruders:

«Es ist ein Dionysos-Jahr. Alle drei Jahre feiern sie diese Feste toller noch als sonst, und unsere schöne Königin, sagt man, sei die Wildeste von allen. Sie zerreißen Ziegen, die sie mit sich führen, und verschlingen das rohe Fleisch. Verloren ist, was ihnen über den Weg läuft. Sie greifen harmlose Hirten, opfern und zerreißen sie. Männer dulden sie nicht, nur einen Knaben, den sie als Dionysos verkleiden und auf einer Ziege oder gar auf einem Löwen reiten lassen. Wenn du Musik hörst, meine kleine Schwester, so flieh, flieh in die tiefsten Wälder …»

Phoebe drückte den Rücken an einen Baum. Es war eine Eiche. Die Rinde war rau, tiefe Risse öffneten sich weit, Zweige strichen sacht über ihre Schultern, freundliche Hände der Baumnymphe versuchten, sie schützend hineinzuziehen in den Stamm. Aber Phoebe, eben noch ein leichter Waldgeist, gewichtslos wie ihr leerer Essenssack, passte nicht durch die Spalten der Borke, sperrig waren ihre Schultern in der Chlamys, schwer hingen ihre Beine in den thrakischen Hosen. Da warf die besorgte Nymphe den grünen Frühlingsschmuck des Baumes so weit über Phoebe, dass nur die grauen Hosenbeine unbedeckt im Farn standen.

Die Frauen sangen und tanzten, Cymbeln, Flöten, Pauken in den Händen oder geflochtene, dem Gott geweihte Körbe voller Schlangen. Fuchspelze oder die gepunkteten Felle von Rehkitzen hingen ihnen über die Schultern, eine trug ein geflecktes Leopardenfell vor der Brust. Jede freie Hand schwang einen Stab, das Zeichen des Gottes Dionysos, der war gekrönt von einem Pinienzapfen, umringelt von Schlangen. Schlangen auch wanden sich den Frauen um die nackten Beine und Arme, die mit dem Leopardenfell hatte Schlangen um Hals und Haar. In ihrer Mitte sprangen Ziegen, ruhig ging ein behäbiger, friedlicher Löwe, auf dem ein weinlaubbekränzter Junge ritt. Die mit dem Leopardenfell war die Schönste, tanzte die anmutigsten Schritte, sang mit hellster Stimme, auch waren ihre Augen nicht so glasig verquollen, nicht der Wein hatte ihr die Wildheit in die Glieder gegossen, sie hatte mehr von dem süßeren Geschenk des Gottes genossen, denn Dionys war auch der Gott der Bienen, und wie sonnengelber Honig flossen ihre Schritte. Die Augen, ohne Trunkenheit wild, blicken klar durch das Eichenlaub und erkennen einen Hirtenknaben am rissigen Stamm. Schlangenarme schieben die Blätter beiseite, neben ihrer Hüfte hält der dicke Kopf des biederen Löwen, auf seinem Rücken der weinberauschte Knabe, helle Arme in die zottige Mähne gekrallt, das gerötete Gesicht ein wenig nach links geneigt, unter der weinlaubumkränzten Stirn die trunkenen Augen, wasserhell das linke, das rechte von dunklerem, in die Ferne schwindendem Blau.

«Du musst flöten», flüstert die tief in den Baum geflohene Nymphe dicht neben Phoebes Ohr – oder ist es die Stimme des Bruders? «Nimm deine Flöte und spiele, Kind. Jetzt rettet dich nur noch die Syrinx.»

Sie trägt die Panflöte an einem Lederband um den Hals. Nun müssen ihr die zitternden Lippen gehorchen. Ausgelöscht ist die Erinnerung an die ruhigen Augen wiederkäuender Rinder, die sanfte Stille ihrer Viehweide. Phoebe denkt an die trabende Stute, an den im Sand scharrenden Hengst: Endlich gelingt ihr das Pferdehochzeitslied. Die Frauen lassen die Cymbeln und Flöten sinken, matte Hände ruhen auf den Fellen der Pauken, die Mänaden lauschen den betörenden Klängen, die von fern, von weit jenseits ihres Rausches zu ihnen dringen. Sie stehen still, keinen Laut lassen sie ungehört verklingen, und Phoebe vergisst, dass sie um ihr Leben spielt. Nur die im Leopardenfell lächelt mit leicht seitlich nach links geneigtem Kopf. Sie lacht, wirft Phoebe ihren Stab zu, schreit Rausch und Verzückung wieder herbei, zupft den Löwen an der Mähne, verschwindet tanzend im Wald. Durch das Frühlingslaub zucken Fuchspelze und gefleckte Rehfelle.

Phoebe hatte den Stab gefangen, von Weinlaub umwunden, von Schlangen umringelt, gekrönt von einem Pinienzapfen.

Sie haben mir nichts getan, dachte sie.

Sie wollte glücklich sein – und stolz. Orpheus, der Sänger, hatte die wilden Tiere friedlich gesungen, sie aber hatte einen wilden Rausch besänftigt, denn lauernde Luchse und Leoparden, sprungbereit in den Zweigen und Ästen, sind nicht halb so wild wie die berauschten Mänaden, die tobenden Frauen bei den Dionysosfesten.

Da sah sie den Stab in ihrer Hand. Zwei Schlangen ringelten sich darum. Das Entsetzen war so groß, dass es ihr durch beide Arme fuhr. Weit warf sie beides von sich, den Schlangenstab mit der rechten, die Flöte mit der linken Hand. Die Nymphe hielt ihre Schultern nicht mehr, Phoebe sank dem Baum zu Füßen in den Farn, weinte und schluchzte lange. Sie hatte Pan herbeigerufen mit ihrer Panflöte. Der ziegenbeinige Hirtengott hatte ihr geholfen, sie gerettet. Oh, er ist gut zu den Menschen, der bocksbeinige mit den kleinen Hörnern in den Locken, aber niemand erträgt seine Nähe. Pan hatte neben ihr gestanden, und Panik, panischer Schrecken schüttelte das zitternde Kind im Farn. Spät erst, im Dämmerlicht, suchte Phoebe ihre Flöte, fand sie im Moos, Käfer krochen über die Röhren, aber keine Schlangen – sie zögerte, schaute –, keine Schlangen ringelten sich um die Stäbe der Syrinx. Phoebe bückte sich, kniete im Moos, verscheuchte die Käfer, pustete Dreck fort, von ihrer Stirne fielen Veilchen und Anemonen.

Schuhe

Zwölf Paar Schuhe standen vor den Räumen der Königin Olympias.

Jokaste zählte.

Sie stellte den Korb mit den Bürsten, Schabern, den Schwämmchen, Läppchen und Ölen auf die rot geäderten Marmorplatten und zählte.

«Zwölf!», stach eine dünne Stimme spitz in ihren Rücken.

In der Tür stand Kynana. Safrangelb hing der kurze Chiton um ihren mageren Körper, blass und schmal war ihr Gesicht.

«Kannst du überhaupt zählen?»

«Ja, Herrin.» Jokaste nickte artig.

«Zwölf, das ist mehr, als du Finger hast. Du hast nur zehn Finger, und zwölf ist mehr, weißt du das?»

«Ja, Herrin», wiederholte Jokaste. Sie ärgerte sich, aber sie zeigte ihren Ärger nicht, denn sie war ein Sklavenkind und Kynana eine Königstochter.

Sie sieht aus wie eine Ratte, dachte Jokaste. War Philipps erste Frau eine Rattenprinzessin?

Sie hatte Kynanas Mutter nie gesehen. Audata, des Königs erste Frau, starb ein Jahr nach der Hochzeit bei der Geburt dieses Kindes.

Kynana kam näher.

«Wozu braucht sie so viele Schuhe?», fragte sie und stieß mit dem Zeh gegen eine weiße Sandale. «Im Haus geht man barfuß, und eine anständige Frau geht nicht viel auf die Straße. Die Königin hat zwei Paar Sandalen, und mehr hatte meine Mutter gewiss auch nicht.»

«Die Königin», sagte sie und meinte Phila, Philipps zweite

Frau. Alle anderen im Land dachten, wenn einer «die Königin» sagte, an Olympias. Wer wusste denn noch, dass bleich hinter Marmorsäulen barfüßig die zarte Phila im Königspalast lebte? Sie hielt sich Zikaden in goldenen Käfigen, und wenn sie zum Fest des Poseidon oder des Zeus in einem ihrer beiden Paare Sandalen auf die Straße ging, so band sie sich die Zikaden mit goldenen Fäden ins Haar. Des Abends zirpten und schrillten die Zikaden in ihren Räumen. Der König, wenn er eine seiner Frauen aufsuchte, konnte nicht fehlgehen: Da, wo die Zikaden zirpten, lag Phila und erwartete ihn, da, wo die Schlangen zischten, war Olympias – und wartete nicht. Häufiger folgte der König dem Zirpen, und doch hatte Phila in zehn Jahren Ehe noch kein Kind empfangen. Phila liebte Kynana wie ein eigenes Kind.

«Sporenschuhe», sagte Kynana, «was will sie mit Sporenschuhen?»

Reiten, dachte Jokaste, sie kann ja reiten wie ein makedonischer Krieger.

«Sandalen, schon recht», sagte Kynana, «aber rot, weiß, gelb und hochgeschnürt, wie Krieger und die jungen Männer sie tragen.»

Zornig trat sie gegen die Schuhe.

Still glitten die Korksohlen, polternd die Holzsohlen, bunt das weiche, gefärbte Ziegenleder über den marmornen Boden.

«Und Stiefel», schimpfte Kynana. «Schnürstiefel, Wanderstiefel, Jagdstiefel. Was will sie damit?»

Sie jagt mit den Männern, dachte Jokaste, sie schießt den wilden Eber kühn und treffsicher wie Artemis, die Göttin der Jagd, sie setzt den breiten thessalischen Hut auf und wandert in ihren Stiefeln über Land. Wohin sie will.

«Zwölf Paar Schuhe», schnaubte Kynana, «zwölf!»

«Es sind dreizehn», sagte eine kleine Stimme in der anderen Tür, die zu den inneren Räumen Olympias' führte. Im purpurnen Chiton lehnte dort, sechs Jahr alt, Kleopatra, Olympias' Tochter. Sie war dunkler als die Mutter und der Bruder, aber genauso hübsch. «Dreizehn Paar Schuhe hat meine Mutter.»

«Du kannst gar nicht zählen», sagte Kynana.

«Doch kann ich zählen. Aber so geht das nicht. Räum das auf!»

Jokaste wollte nach den Schuhen greifen, doch ein Blick von Kleopatra – den Kopf etwas schief nach links geneigt – hielt sie fest. So griff sie nach dem Schuhputzzeug, denn eine Sklavin darf nicht die Hände frei haben, wenn eine Königstochter aufräumt.

Kynana gehorchte, und die Schuhe standen wieder in einer Reihe.

«Nun zähl!», befahl Kleopatra. Und Kynana gehorchte.

Ob der König Olympias auch so gehorchte?, dachte Jokaste. Vor einem Jahr hat er Olynthos niedergebrannt, die reiche Handelsstadt auf der Chalkidike, die sich ihm widersetzte. So etwas hat er noch nie getan. Immer hatte er die eroberten Städte geschont und für seine Zwecke benutzt. Keine Stadt hätte ihm so viel Gewinn gebracht wie das reiche Olynthos am Meer. Man sagt, es sei Olympias' Wille gewesen, dass Olynthos brannte. Bis nach Pella hatte es geleuchtet.

«Zwölf!», triumphierte Kynana. «Zwölf Paar Schuhe hat deine Mutter!»

«Dreizehn», sagte Kleopatra, «denn sie ist seit drei Tagen fort. Sie wird nicht ohne Schuhe gegangen sein.»

Kynana sprang auf und lief hinaus. Sie hörten ihre schnellen Schritte.

«Sie hat Plattfüße», sagte Kleopatra, «wie all diese griechischen Frauen, die nur auf Marmorplatten laufen, die niemals etwas Unebneres unter ihren Füßen spüren als vielleicht mal ein Kieselmosaik im Innenhof, die bloß im Haus hocken, diese griechischen Frauen, die keine Schuhe haben.»

«Seid ihr keine Griechen?», fragte Jokaste. «Dein Vater beherrscht das ganze nördliche Griechenland. Er legt Wert darauf, so griechisch zu sein wie die Athener.»

Kleopatra zuckte die Achseln.

«Wir sind Wilde», sagte sie und hüpfte mal auf einem, mal auf beiden Beinen in die Zimmer ihrer Mutter.

Jokaste lauschte.

Plattfüße hat die nicht, dachte sie.

Und putzte nun endlich Olympias Schuhe.

In Pella

Phoebe erreichte Pella am Abend und verlief sich sofort in den Straßen. Auf gewundenen Pfaden in Bergen und Tälern hatte sie immer ein Gefühl für die Richtung behalten, in den schnurgeraden Straßen von Pella verlor sie es. Aufwärts solle sie gehen zum Königspalast, hatte eine Frau gesagt. Wo war aufwärts? Das Gelände stieg nur wenig an, umschauen konnte man sich nicht, über Häuser und Tempel konnte man nicht hinwegsehen. Auch fand sie sich immer wieder in der Ladenstraße vor den Bäckerläden. Dort sog sie den letzten Duft ein von Brot und Kuchen, als die Bäcker ihre Läden schlossen. Sie hatte Hunger.

Auf der Agora, dem großen Marktplatz, beobachtete sie, wie die Bettler und Tagelöhner ihre Schlafplätze vorbereiteten. Zwischen Säulen und den Sockeln der Götterstatuen breiteten sie ihre Decken aus. Jeder hatte ein großes wollenes Tuch als Mantel um die Schultern geschlungen. Das nahmen sie ab und deckten sich damit zu.

Phoebe hatte nur ihre kurze Chlamys. Man sollte sofort ihre thrakischen Hosen sehen, sollte sie auf den ersten Blick als einen jungen, vornehmen Thraker erkennen, aus einem Haus, zu dem – selbstverständlich – viele Pferde gehört hatten.

Und nun lag sie auf den kahlen Steinplatten der Agora mit nichts als ihrer Chlamys. Sie hatte nicht gewusst, dass ein Boden so hart, eine Nacht so kalt, ein Magen so leer, eine Decke so kurz und dieses Leben so schwer sein konnten.

Am Morgen kamen die Händler. Sie breiteten Wolle, Käse, tönerne Gefäße, Fische, Oliven, getrocknete Feigen aus. Die Hähne, die hier krähten, waren Kampfhähne mit bronzenen

Sporen an den Füßen. Ein Händler am Rande des Marktes zündete bereits ein Feuer an und briet Spatzen. Die Tagelöhner und Bettler schlangen das Tuch wieder um die Schultern, kauften getrocknete Feigen und gebratene Spatzen, tranken am Marktbrunnen und sammelten sich auf den Stufen der Säulenhalle. Phoebe hockte sich zu ihnen. Sie hatte nur Wasser getrunken, und sie glaubte nicht mehr, dass sie jemals den Königspalast erreichen würde. Handwerker kamen und stellten Tagelöhner ein, für ein, zwei, manchmal drei Tage. Ein Schmied brauchte einen Helfer, der ihm das Feuer unterhielt, ein Töpfermeister einen, der Teller und Gefäße sortierte und zum Hafen trug, ein Baumeister viele, die Steine transportierten, ein Bäcker suchte einen Flötenspieler –

Ein Bäcker?

Phoebes Hände rissen die Doppelflöte aus dem Beutel. Ohne die Kopfbänder anzulegen, spielte sie.

«Du bist nicht schlecht», sagte der Bäcker. «Unser Flötenspieler ist krank. Komm!»

Den ganzen Vormittag spielte Phoebe in der Backstube, während der Bäcker und seine Söhne den Teig kneteten. Die frischen Brote und Kuchen wurden in die Öfen geschoben, es roch immer herrlicher, Phoebe durfte von allem kosten, was die Bäckersfrau aus den Öfen zog.

«Junge», rief die Bäckersfrau, «du solltest in des Königs Bäckerei spielen. Unsere Brote sind lockerer, unsere Kuchen würziger. Selbst der Honig ist süßer. Und ich fühle mich nicht, als hätte ich den ganzen Morgen gearbeitet. Ich fühle mich, als hätte ich auf einem Fest getanzt. Willst du nicht bleiben?»

Phoebe wollte nicht. Mit guten Wünschen verließ sie mittags das Haus des Bäckers. Die Sonne schien, sie war auf eine süßere Weise satt als je zuvor, die Chlamys lag so leicht auf ihren Schultern wie der Tag vor ihren Füßen, es gab nicht den geringsten Grund, den warmen Rücken mit einem wollenen

Mantel zu beschweren. Gewiss, es würde wieder eine Nacht kommen, aber die wollte sie im Pferdestall verbringen, im warmen Stroh bei Daphne, der Lichthellen mit den sanften Augen.

Nur dass sie noch immer nicht wusste, wo es in diesen Straßen aufwärts ging …

«Bist du dumm, Knabe», sagte eine Frau. «Folge der Wasserleitung. Das Wasser fließt abwärts. Trinke an jedem Brunnen. Je näher du dem Königspalast kommst, desto besser schmeckt das Wasser.»

Am Nachmittag trank sie von einem Wasserstrahl, der aus dem offenen Maul eines marmornen Löwenkopfes in ein Becken floss. Es schmeckte fast so frisch, fast so süß wie daheim aus der Quelle. Sie drehte sich um und erkannte die Säulen vor dem Portal des Königspalastes.

Die Stuten des Diomedes

Hämon, der Pferdemeister, schaute auf Phoebes thrakische Hosen. «Gestern», sagte er langsam, «ist uns ein Junge davongelaufen. Er hatte Angst. Eine der vier Stuten, die er zu betreuen hatte, hat ihn gebissen und geschlagen. Du hast Glück, du kannst die Stelle haben.»

Ob das nun Glück war?

Phoebe schaute auf den Boden. Daran, dass Pferde beißen und schlagen könnten, hatte sie nicht gedacht. Sie war gekommen, um Daphne zu streicheln, die Helle, Freundliche, die übermütig Sanfte.

Hämon war ein verständnisvoller Mann. Er sah ihre Angst.

«Du bist gewiss geschickter als dieser Junge», sagte er. «Du bist doch ein Thraker. Wie war dein Name? Thamyris. Die Thraker verstehen sich auf wilde Pferde.»

Er meint Diomedes, dachte Phoebe erschrocken. Er meint den grausamen Thrakerkönig, der sich menschenfressende Stuten hielt. Oh, wenn die Stute so ist.

«Ich will es versuchen», flüsterte sie.

«Da sind die anderen Pferdejungen», sagte Hämon, «sie zeigen dir alles. Sag, ist es wirklich wahr, dass ihr an den thrakischen Küsten die Pferde und Rinder mit Fischen füttert?»

«Ja», sagte Phoebe.

Sie wusste es nicht. Ja-sagen schien das einfachste. Ja-sagen lügt sich am leichtesten.

Unter den Säulen, die den Pferdehof umstanden, saßen drei Jungen. Einer der beiden größeren kam auf sie zu.

«Ich bin Lykos», sagte er, «aus Thessalien. Das ist Xanthos. Er stammt aus Epiros wie die Königin. Wir betreuen die

Hengste.» Die beiden waren ungefähr fünfzehn Jahre alt. Daneben saß vor einem Haufen Würfel ein kleinerer Junge.

«Das ist Endymion», erklärte Lykos, «aus Olynthos. Er versorgt vier der Stuten.»

Endymion sah zu Phoebe hinauf. Ein Kreis aschblonder Haare lag auf seinem Scheitel. Wie ein dunkles, rundes Käppchen sah das aus. Die Spitzen seiner Haare aber waren hellblond und leuchteten wie ein heller Kranz um seinen Kopf.

Was es alles für Menschen gibt, wunderte sich Phoebe. Der Königssohn hat zweifarbene Augen, und der da hat zweifarbene Haare.

Endymions Augen aber waren braun, hellbraun, goldbraun, eins wie das andere.

«Wie viele Astragaloswürfel hast du?», fragte er.

«Keine», sagte Phoebe, «gar keine.»

«Schade», sagte Endymion. «Die haben auch keine mehr. Ich habe alle gewonnen. Du – ich schenke dir welche. Vielleicht spielst du besser als sie. Du kennst doch das Spiel?»

Phoebe nickte.

Der Astragalos war ein Knochen aus den Hinterfüßen des Schafes. Er hatte fast die Größe und die Form eines Würfels, doch auf zwei der sechs Flächen konnte er gar nicht fallen, die waren zu uneben, er rollte weiter. Zwei Flächen waren breit und ziemlich eben. Auf diese fiel der Würfel meist, sie trugen die Zahlen drei und vier. Die Flächen mit den Zahlen eins und sechs waren schmal. Nur wer geschickt war, warf die begehrte Eins oder gar die Sechs.

Endymion wühlte in seinen Astragali.

«Ich weiß nicht, welche ich dir geben soll», sagte er. «Ich hatte nur zwei, als ich kam. Es sind die aus den beiden Hinterläufen des Widders, den mein Vater schlachtete, als ich acht Jahre wurde. Die muss ich unbedingt behalten. Sag mal, bist du über Olynthos gekommen? Steht die Brunnenstraße noch? Sie muss stehen. Es gab so viele Brunnen dort. Sie hatten genügend Wasser zum Löschen in der Brunnenstraße.»

Endymion schaute Phoebe bittend an. Aus beiden Händen fielen ihm die Würfel.

«Unsinn», sagte Xanthos, «die Brunnenstraße ist niedergebrannt wie alle Straßen in Olynthos. Es hat geleuchtet bis hierher. Die Königin, sagt man, habe auf der offenen Galerie des Turmes gestanden und gesungen. Sie singt sonst nie. Drei Tage lang hat sie behauptet, dass sie den König liebe. Vielleicht gar länger. In Olynthos stehen nicht mehr zwei Steine aufeinander.»

«Lass das doch», sagte Lykos. «Es stimmt ja auch gar nicht. Du weißt, dass du übertreibst. Viele sind geflohen. Vielleicht auch deine Eltern und Geschwister, Endymion. Vielleicht nach Athen. Die Athener haben die Olynther freundlich aufgenommen. So wein doch nicht.»

Aus Endymions Augen tropften Tränen und fielen auf die Astragaloswürfel. Phoebe bückte sich rasch.

«Diese», sagte sie, «auf die deine Tränen gefallen sind, das sind die Astragali aus den Hinterläufen deines Widders.»

«Glaubst du?», fragte Endymion. Er lächelte. «Du kannst alle anderen haben.»

«Die brauche ich auch», sagte Phoebe. «Ich spiele sehr schlecht.»

«Zieh die Hosen aus!», sagte Xanthos plötzlich.

«Lass das doch», sagte Lykos.

«Niemand von uns trägt Hosen», beharrte Xanthos. «Er soll so gekleidet sein wie wir auch.»

«Nein», sagte Phoebe, «ich ziehe die Hosen nicht aus. Sie sind meine Heimat. Mein Vater war ein reicher Thrakerfürst» – wie leicht lügt sich das, wenn man ein armes Hirtenmädchen ist – «wir hatten viele Schafe. Einige hielten wir dicht am Haus. Im Winter zogen wir ihnen Felle über den Rücken, damit ihr

Haar weich blieb. Aus dem Vlies dieser Schafe machte meine Mutter Hosen für mich und meine Brüder – sie sind alle tot. Solange ich Hosen trage, sind wenigstens meine Beine zu Haus.»

«Iss», sagte Lykos und bot Phoebe Oliven und Käse an. Sie nahm es gern, und sie hatte auch etwas anzubieten. Ihr Beutel war noch voll von süßen Kuchen aus der Bäckerei.

Eine Weile aßen sie schweigend. Dann wurde es laut drüben im großen Innenhof des Königspalastes. Olympias sei zurück, rief man ihnen zu. Hepheiston und Sereipion stürmten aus dem Hengststall zu ihrem Freund Alexander. Da sagte Endymion: «Oh, ich weiß was. Oh, das ist gut. Thamyris, du bist doch ein Thraker. Weißt du, wie Herakles die menschenfressenden Stuten des Diomedes zähmte?»

«Ja», antwortete Phoebe verschreckt, «er warf ihnen den König zum Fraß vor, und als sie den grausamen König gefressen hatten, waren sie zahm wie Lämmer.»

«Genauso machen wir es», flüsterte Endymion. «Wir geben der bissigen Stute den König zum Fressen und seinen garstigen Sohn gleich dazu. Dann wirst du keine Schwierigkeiten haben mit der Stute, Thamyris. Wir werfen Philipp und Alexander in Daphnes Futtertrog –»

Wie? Daphne!?!

«Daphne?», rief Phoebe. «Aber die ist sanft wie eine Frühlingsblume!»

– Nicht alles, Phoebe, lügt sich so leicht wie ein Thrakerfürstvater –

«Kennst du das Pferd?», fragte Lykos überrascht.

Endymion hatte nichts bemerkt.

«Sie war sanft wie eine Frühlingsblume», sagte er. «Aber sie haben sie decken lassen. Von Areion, das ist schon recht. Und da war ein Mädchen – wir sahen es nur von weitem –, das sollte Flöte spielen, damit das Fohlen schön wird. Die konnte das auch. Aber auf einmal hat sie nur noch jämmerlich herumgepfiffen, gerade als der Hengst auf die Stute sprang. Und Alexander, der will das Fohlen, und es soll schön sein, der ist gekommen am nächsten Tag, dieser böse Geist mit dem roten Gesicht, den zweifarbenen Augen und den kurzen Beinen, und er hat die Stute geprügelt, dass die helle Haut aufplatzte und das dunkle Blut ausströmte –»

«Warum?», fragte Phoebe. «Warum?»

«Er wollte ihr das Fohlen herausprügeln, damit er sie in der nächsten Rosse wieder decken lassen kann. Am Hals hat sie Striemen, auf dem Rücken, an den Flanken und am Bauch, wo die Haut so dünn und zart ist. Seitdem beißt sie, die Stute, und – ach – sie war sanft wie eine Frühlingsblume.»

«Mich beißt sie nicht», sagte Phoebe. «Wenn eure Stuten nicht menschenfressender sind als die ... Wir Thraker sind Schlimmeres gewöhnt.»

Das wiederum, Phoebe, lügt sich leicht.

Schlangenmutter – Löwensohn

Olympias kam heim.

Im purpurroten Chiton sprang ihr Kleopatra entgegen, die Treppe zum Innenhof hinunter, verhielt aber auf der untersten Stufe, denn die Mutter hatte den Schlangenkorb in der Hand.

Hephaiston und Sereipion, Alexanders Freunde, kamen aus den Stallungen gelaufen und halfen dem Freund, den Löwen wieder in den Käfig zu bringen.

Kynana huschte in das Zimmer, in dem die Zikaden zirpten. «Sie ist zurück», flüsterte sie.

«Komm nur», sagte Olympias, und Kleopatra sprang ihr in die Arme. Auf dem linken Arm das Kind, in der rechten Hand den Schlangenkorb, ging sie langsam die Treppe hinauf. Sklavinnen schauten zu, keine hätte der Königin eine der beiden Lasten abnehmen können. Oben setzte Olympias den Korb ab und öffnete ihn. Lautlos ringelten sich die Schlangen heraus, und jede glitt auf ihren Lieblingsplatz in das letzte Licht, das die Abendsonne zwischen die Säulen warf.

Olympias zog die weichen Stiefel von den Füßen. Zwei schmutzige Stiefel fielen mitten unter zwölf Paar frisch geputzte Schuhe. Nun hatte sie beide Arme frei für die Tochter.

Nicht lang. Die Amme kam. Olympias gab ihr das Kind.

Unten im Innenhof sah sie ihren Sohn zum Brunnen taumeln.

Sie haben ihm doch zu viel Wein gegeben, dachte sie.

Alexander zog die Stulpstiefel aus und ließ sie liegen. Seine bloßen Füße fühlten sich auf dem Kieselmosaik des Fußbodens sicherer. Hier musste er sich wiederfinden nach der rauschhaften Jagd durch den Wald. Das Kieselmosaik zeigte

Achilles, den größten Helden der griechischen Geschichte, der war sein Vorbild und auch sein Vorfahr. Vor Achill stand seine Mutter Thetis, eine Meeresnymphe, ihr folgten reitend auf Seeschlangen, die vorn und hinten Köpfe hatten, ihre Schwestern. Sie brachten Schild und Speer für Achill.

Alexander schwankte zum Brunnen. In einem Halbrund von Marmorsäulen hielt er den Kopf unter den Wasserstrahl. Da war seine Mutter neben ihm. Auch sie hielt den Kopf unter das Wasser. Es spülte Schweiß und Schmutz von ihren Gesichtern hinunter in die Wasserleitung der Stadt. Mochten die Einwohner Pellas den Schweiß und den Schmutz trinken von den erhitzten Gesichtern ihrer Königin und ihres Kronprinzen.

«Komm», sagte Olympias.

Sie führte ihn unter die Säulen, vorbei an der Küche in das Bad. Die marmornen Wasserbassins waren schon gefüllt mit dampfendem Wasser, duftend von kostbaren Ölen. Die waren teuer wie Gold, selten wie Regen in der Wüste.

Als sie sich nach dem Bad wieder am Brunnen trafen, war die Sonne untergegangen. Ein kleines Öllämpchen zwischen den Säulen beleuchtete die beiden Götterstatuen rechts und links neben dem Brunnen: Poseidon, den Meergott, und Zeus, den Herrn der Götter im Olymp. Zeus war dargestellt mit den Widderhörnern, dem Zeichen seiner Herrschaft, halb verborgen in den Locken.

«Hier will ich dir nun etwas erzählen, Alexander», flüsterte Olympias und zog ihn zu sich an den Brunnenrand, «du sollst wissen, du bist göttlicher Herkunft.»

«Das weiß ich doch», sagte Alexander, «du stammst von Thetis ab, einer Meeresnymphe, einer der fünfzig Töchter des Nereus –»

«– der schönsten –», unterbrach die Mutter.

«– von Thetis», nickte Alexander, «der schönsten von den

fünfzig schönen Töchtern des Nereus. Du hättest mich über ein Feuer halten müssen, als ich ganz klein war, wie Thetis ihren Sohn Achill. Er bekam eine Panzerhaut und wurde unverwundbar, nur nicht an der Ferse, an der sie ihn hielt. Du hast das nicht getan, sonst hätten mich heute nicht so viele Mücken gestochen.»

Olympias lächelte.

«Das wäre nicht ganz ungefährlich gewesen. Thetis hat sich sechs Kinder damit verbrannt. Erst bei Achill gelang es.»

«Ich wäre nicht verbrannt!», behauptete Alexander.

«Ja», sagte die Mutter, «heute weiß ich das. Damals habe ich es nicht gewagt, obwohl – höre mein Sohn, du bist von höherer göttlicher Herkunft als Thetis –»

«Ich weiß. Mein Vater stammt von Herakles, und der ist ein Sohn des Zeus –»

«Nein, mein Sohn», sagte sie. «So ist das nicht.»

Sie griff mit beiden Händen in seine Locken neben den Schläfen und drehte die Haare fest um ihre Finger. Das tat weh. Alexander hatte gelernt, Schmerzen zu ertragen. Unter den kühlen Augen und dem schmalen Mund seines Lehrers Leonidas zitterte er bei keinem Schmerz, manchmal aber war er so wehleidig wie jetzt in den Händen der Mutter.

«Was tust du?», rief er, und Tränen liefen ihm aus den Augen.

«Ich drehe dir Widderhörner. Du sollst Widderhörner tragen wie dein Vater –»

«Mein Vater trägt die weiße Binde des Königs –»

«Philipp ist nicht dein Vater. Dein Vater ist Zeus, der mit den Widderhörnern im Haar.»

«Ist das wahr, meine Mutter?», flüsterte Alexander. Er zitterte und weinte heftig.

Sie nickte.

«Der Gott kam zu mir in Gestalt einer Schlange. Er ist immer um mich. Ich weiß nur nicht, in welcher meiner Schlangen er sich gerade aufhält. Einmal hat Philipp ihn gesehen. Er hat uns heimlich beobachtet mit dem linken Auge durch den Spalt einer Tür. Darum hat er das Auge verloren.»

«Das stimmt nicht, meine Mutter! Ein thrakischer Bogenschütze hat ihm das Auge zerschossen. Das war bei Methone.»

«Der Thraker schoss. Zeus lenkte den Pfeil in sein Ziel. Ich hatte einen Traum in der Hochzeitsnacht: dass der Gott in mich schlug als ein Blitz, und ich gebar eine Flamme. Philipp aber hatte einen ähnlichen Traum: Er verschloss meinen Körper und drückte ein Siegel auf mich, darin war der Kopf eines Löwen geschnitten. Das Kind, das ich trug, warst du, Alexander, mein Flammenkind, mein Löwensohn.»

«Meine Schlangenmutter», flüsterte Alexander, «ist es wahr? Meine Schlangenmutter –»

Sie hob ihn auf.

Warum war er nur so klein? Götterkinder wuchsen schnell. Alexanders kurze Beine passten nicht in ihre Träume, ihre Wünsche, ihre Pläne.

Sie trug ihn zum Männertrakt. Hineingehen durfte sie nicht. Und da stand auch schon Leonidas vor ihr mit kalten Augen und schmalem Mund. Sie gab ihm den Jungen.

«Mein Flammenkind», sagte sie.

«Meine Schlangenmutter», sagte er.

«Mein Löwensohn –»

«Herrin!», sagte Leonidas, Vorwurf und Zorn in der Stimme. Sie zuckte die Achseln und ging.

Sie wollen nicht, dass ich es ihm erzähle, dachte sie.

Sie wollen einen ganz gewöhnlichen König aus ihm machen, so wie Philipp einer ist, der verhandelt, befriedet und Münzen prägt. Ich will einen rasenden, flammenden Gott. Philipp war nur einmal so. Vor einem Jahr, als er Olynthos niederbrannte. Alexander wird ein Feuersturm. Aber warum, ach, warum hat er so kurze Beine?

Zitternd lag Alexander in seinem Bett unter einer schweren, steifen, bunten Decke. Bilder waren darauf gestickt, Bilder von der Jagd auf Löwen und wilde Eber.

Meine Schlangenmutter, dachte er und schlief ein.

Er schlief nicht lange. Seltsames Flötenspiel aus den Pferdeställen weckte ihn.

Daphne Lorbeerbaum

Als alle schliefen, schlich Phoebe sich aus der Kammer der Pferdejungen. Sie hatte ihr Bett neben Endymion, die beiden größeren Jungen schliefen am anderen Ende des Raumes. Dazwischen war viel Platz, und die Betten waren gut. Sklaven und Knechte wurden großzügig gehalten an König Philipps Hof.

Sie hatte sich für die Panflöte entschieden und die Doppelflöte in ihrem Beutel gelassen. Draußen war es hell. Der Vollmond stand hoch am Himmel. Zum Innenhof hin endete die Wand des Stutenstalles oben in einer Galerie kleiner Säulen. Durch diese fiel das Mondlicht in den Stall.

Es war still. Die meisten Stuten hatten sich zum Schlafen hingelegt. Zwar hatten die Jungen Phoebe alle Namen genannt, aber sie konnte die Stuten noch nicht auseinander halten. Nur Harpyie und Daphne standen angebunden an ihren Futterplätzen.

«Oh, gut, dass du gekommen bist», hatte Endymion gesagt, bevor er einschlief, «ich habe schon so viel Angst vor Harpyie. Ich kann Daphne nicht auch noch versorgen.»

Vor zwei Jahren hatte König Philipp von den pferdezüchtenden Skythen eine Herde Stuten erbeutet. Die beiden schönsten hatte er für den Königsstall ausgewählt. Das war Daphne mit der Lichtfuchsfarbe, die bei skythischen Pferden häufig ist, sie war sanft und menschenfreundlich. Die andere war Harpyie, kohlschwarz, bissig und widerspenstig.

«Hieß sie schon immer so?», hatte Phoebe gefragt.

«Ich weiß nicht», hatte Endymion gesagt, «auf jeden Fall passt der Name.»

Harpyien waren kleine, rasche, unvorhersehbare, boshafte Windstöße.

Endymion liebte Galateia. Die konnte Phoebe auch leicht erkennen, denn sie war der einzige Schimmel im Stall. Zögernd stand Phoebe, die Panflöte in der Hand, am Stalleingang. Daphne und Harpyie waren beide an der Rückwand angebunden, Daphne in der hinteren, dunklen Ecke, Harpyie mehr in der Mitte. Verteilt im Stall lagen die anderen Stuten. Ringsum war der steinerne Futtertrog fest in die Mauer eingelassen. Phoebe scheute sich, mitten zwischen den Stuten hindurchzugehen. Sie kletterte auf den Futtertrog. Langsam balancierte sie bis zur hinteren Wand und vorsichtig näher an Harpyie heran. Der schmale, schwarze Kopf wandte sich ihr misstrauisch zu. Sie sah das Weiß im Auge aufblitzen.

Ich habe im Wald die Mänaden gezähmt mit meiner Flöte, dachte Phoebe, ich werde doch zwei skythische Stuten besänftigen können.

Auf Harpyies Rücken fiel das Mondlicht durch die Säulengalerie.

Sie trat unruhig hin und her, ihr schmaler Kopf, die Ohren dicht angelegt, schnellte auf Phoebe zu, die Zähne blitzten hell wie das Weiß im Auge, im Mondlicht zuckten die Säulenstreifen über ihren Rücken.

Phoebe hatte schon für Tänzer gespielt, für Tänzer, die Vögel darstellten, fliegende Vögel, schwebende Eulen, die als kämpfende Stiere auftraten, als Nymphen oder Götter, und die Tänzer hatten sich nach ihrer Musik bewegt.

Hier muss es andersherum sein, dachte sie, wie sich das Pferd bewegt, muss ich spielen. Und so spielte sie: zuckende Säulenstreifen, zitternde Mondlichtflecke auf schwarzem, glattem Fell, kleine, spitze, mondsichelförmige, eng ans Genick gepresste Ohren, weißes Rund um aufgerissene Augen, klappende, zuschnappende, helle Zähne, scharrende Vorderbeine, jäh ausschlagende Hinterhufe.

Oh, dachte Phoebe, jetzt habe ich sie.

Sie spürte, wie sie mit ihren Tönen das Scharren, Keilen, Schnappen, das Augen-Aufreißen, das Zucken und Zittern lenken konnte.

Da zog sie das Zucken in die Länge, verwandelte das bebende Zittern in schwingende Wellen, machte das Schnappen lautlos und aus dem Scharren ein anmutig erhobenes Vorderbein. Spielend schlich Phoebe an Harpyie vorbei. Mit aufgerichteten Ohren war das dunkle Gesicht freundlich, hell auf dem schwarzen Rücken ruhte das Mondlicht zwischen den Säulen.

Phoebe schwankte balancierend auf dem Futtertrog. Sie hätte sich an Harpyies Maulkorb halten können, der über ihr an der Wand hing, aber sie traute sich nicht, die Flöte vom Mund zu nehmen. Sie bückte sich unter dem Anbindestrick, gewann das Gleichgewicht, trat aus der Reichweite der Stute, ließ die Flöte sinken und lehnte heftig atmend an der Wand.

Harpyie schnaubte. Sie knickte mit allen vier Beinen ein und sank aus dem Streifenlicht der Säulen in das weiche Stroh.

Phoebe näherte sich Daphne. Bevor sie in Reichweite des Anbindestricks kam, schoss Daphnes Kopf mit der cremeweißen Mähne silbermondhell aus dem Dunkel ins Licht. Dicht vor Phoebes Knie schnappten die Zähne zu.

Seltsam, dass Phoebe nicht erschrak. Es war etwas anders gewesen als bei Harpyie. Da sah sie es: Daphnes Ohren standen aufrecht. Phoebe gluckste und lachte.

Oh, Daphne, dachte sie, liebe, kleine, sanfte Daphne. Bist du das Beißen so wenig gewöhnt, dass du vergisst, die Ohren anzulegen?

Daphnes Hals, ihr Rücken waren gestreift von eitrigen Striemen, das Blut war über das Fell gelaufen, verkrustet, hart wie die Rinde eines Baumes.

Ich weiß, was ich für sie spiele, dachte Phoebe, die Geschichte von Daphne, der Waldnymphe, die in einen Baum verwandelt wurde.

Sie hatte einmal zwei Tänzer begleitet, die diese Geschichte darstellten. Und Phoebes Flöte erzählte:

Von Daphne, der schönen Waldnymphe, die manchmal mit Artemis jagte, meist aber allein auf der Spur des Wildes durch die Wälder zog. Sie sang für keinen als für sich allein, sie tanzte für niemanden als für sich allein, und wenn sie ihr Spiegelbild in einem stillen Waldsee betrachtete, so war sie die Einzige, die sich an ihrer Schönheit freute. Jede Wurzel am Boden war ihr ein willkommener Anlass, die Füße zu heben, jeder Baum im Weg ein freudiger Grund, einen Bogen zu tanzen, unter jedem tiefen Ast bog sie den Körper und streckte ihn wieder. Aber Apollon, der Gott der Künste und des Gesanges, sah sie und verliebte sich in sie. Er verfolgte sie. Und Daphne floh. Sie rannte, wo sie durch die Wälder getanzt war, sie keuchte, wo sie gesungen hatte, sie stolperte über jede Wurzel am Boden, sie lief gegen jeden Baum im Weg, sie stieß sich an jedem tiefen Ast. Apollon war der bessere Läufer. Schon streckte er die Hände nach ihr aus. Da bat sie die Götter im Olymp, sie möchten sie in einen Baum verwandeln. Und die Götter erhörten ihre Bitte. Apollons Hände streichelten borkige Rinde, er drückte die heiße Stirn in Lorbeerlaub.

«Oh, Daphne», flüsterte er, «ich hätte dir fast nichts getan.»

Dicht unter seinen Händen, unter wenigen Zentimetern starrer Borke, fühlte er – nah und unerreichbar – den heftig atmenden Leib der Nymphe.

«Oh, Daphne», flüsterte Phoebe.

Sie war langsam näher an den Futterplatz der Stute herangerutscht. Warme Nüstern bliesen auf ihre nackten Füße.

«Oh, Daphne.»

Phoebe glitt hinunter vom Futtertrog. Vorsichtig berührte sie Daphnes Wunden. Unter dem blutigen Schorf zitterte die kleine Stute. Sie wandte den Kopf. Phoebe und Daphne schauten sich an.

«Heute habe ich für dich gespielt», sagte Phoebe. «Ich komme wieder in der Nacht. Dann spiele ich für dein Fohlen. Und morgen wasche ich deine Wunden.»

Phoebe ging aus dem Stall, diesmal mitten durch die liegenden Stuten, die waren nun ohnehin alle wach. Dabei spielte sie ein kleines Hirtenlied, kurz wie eine Sternschnuppe, fröhlich wie eine Meeresnymphe und süß wie Honig vom Berge Hymettos.

Spät in der Nacht erwachte Alexander aus fiebrigem Schlaf und hörte Musik, eine Flöte, eine Panflöte, von jenseits des Innenhofs. Trunken von Schlaf und Wein kroch er unter der schweren Decke hervor, unter bunten Bildern von Löwenjagd und Eberhatz. Er taumelte durch den Männertrakt zum Innenhof. Der Mond stand hoch am Himmel. Aus den Zimmern kamen staunende Sklaven.

Pan?, dachten alle. Mitten in der Nacht?

Der Hirtengott spielte gewöhnlich am Tag, in der lähmenden Stille der größten Mittagshitze. Pan bei Mondlicht inmitten der Nacht? Alexander lehnte sich an eine Säule. Die Musik war rasch, unruhig, zuckend, vorschnellend wie die Schlangen der Mutter, wenn sie hungrig und zornig waren, und die kühlen Hände, die sich von hinten auf seine Schultern legten, mussten die der Mutter sein.

«Mein Flammenkind», flüsterte ihre Stimme störend in seine auf anderes lauschenden Ohren, «mein Löwensohn.»

Da änderte sich die Musik. Die Töne wurden schwingender, ruhiger, gedehnter – lang wie die Sehnsucht nach kühnen Taten, wenn man knapp neun Jahre alt war, klein für sein Alter und mit einem Kinderschwert kämpfen musste. Das Flötenlied wurde wärmer, weicher als die Hände der Mutter. Er glitt aus ihrem Griff und lief auf die Musik zu.

Wo er am besten hören konnte, blieb er stehen, mitten auf

dem Kieselmosaik, den Kopf leicht schief nach links geneigt. Sein linker Fuß trat Thetis, der Meeresnymphe, ins Gesicht, der große Zeh seines rechten Fußes bohrte Achill, dem Helden, in der Nase. Olympias bemerkte, wie ein paar Sklaven sich anstießen, auf den Königssohn zeigten und leise kicherten.

Die Musik hörte auf.

Olympias war erleichtert. Wer immer dort spielte, er sollte aufhören, sonst würde er weinen, ihr Löwensohn, immer weinte er, wenn Musik gar zu schön war. Sie wollte gehen.

Es ist Pan, der Hirtengott, dachte Alexander, wirklich, er ist es. Er spielt für Daphne und ihr Fohlen. Er will den Fehler des Hirtenmädchens wieder gutmachen. Ein wilder Ehrgeiz fasste ihn und die Sehnsucht nach kühnen Taten. Er dachte an Kämpfe und Schlachten, an brennende Städte, an Perserfürsten, die sich in golddurchwirkten Brokatmänteln vor seine Füße warfen. Und er weinte, weil die Musik so schön war. Auch bohrte er mit dem rechten Zeh Achill in der Nase, aber das wusste er nicht.

Olympias ging. Das war mehr, als sie ertragen konnte. Da – endlich – hörte die Musik auf.

Leonidas schob den Königssohn zurück in seine Kammer. Von Ehrgeiz und Sehnsucht verzehrt, lag er weinend unter der bestickten Decke. Die war zu schwer und zu steif, als dass er sich darin hätte einkuscheln können.

Vielleicht, wenn er Phoebes letztes Lied auch noch gehört hätte – das kleine Hirtenlied, kurz wie eine Sternschnuppe, fröhlich wie eine Meeresnymphe, süß wie Honig vom Berge Hymettos –, vielleicht hätte er sich dann am nächsten Tag nicht so schrecklich mit Sereipion gestritten, vielleicht hätte er dann den Mäuse jagenden Iltis in der Futterkammer nicht mit einem Steinwurf erschlagen, vielleicht hätte er seinen geliebten Jagdhund mit der spitzen Schnauze und den winzigen Ohren nicht so sehr verprügelt. Vielleicht. Aber Phoebes letztes Lied hörte er nicht. – Leonidas hatte die Türen geschlossen.

Pferdepflege

Noch viele Male schlich sich Phoebe nachts in den Stutenstall und spielte für Daphnes Fohlen. Bald kannte sie alle Stuten. Endymion liebte Galateia, die Milchweiße, auch Aura und Hermione, die beiden Füchse, mochte er gern, Harpyie aber, die bissige Schwarze, putzte er niemals ohne Maulkorb. Phoebe hatte außer Daphne drei braune Stuten zu betreuen, Kalliope und Myrtale waren ruhig und umgänglich, Hippolyta nutzte klug jede Gelegenheit, um davonzulaufen.

Alle im Königspalast glaubten, es sei Pan, der Hirtengott, der da in der Nacht spielte: Alexander hoffte wieder auf ein schönes Fohlen von Daphne. Er kam häufig in den Stall, dann zitterte die kleine Stute und schaute hilflos nach Phoebe. Die aber versteckte sich vor dem Königssohn, bis sie merkte, er erkannte sie nicht. Er hatte sie damals, als sie bei der Zeugung des Fohlens spielte, gar nicht angeschaut.

Nur Endymion wusste von Phoebes Flötenspiel. Der Sohn eines reichen Kaufmanns aus Olynthos weinte oft in der Nacht. Dann lehnte er den Kopf an Phoebes Schulter und erzählte von den Eltern, den Geschwistern.

«Warum hast du so seltsame Haare?», fragte sie ihn einmal.

«Die sind gebleicht», erklärte er, «nun wächst meine wirkliche Haarfarbe nach. Niemand bleicht einem Olynther Sklavenkind das Haar. Ich hatte auch immer Locken eingebrannt. Blond und gelockt, so ist es Mode in Athen. Was aber in Athen Mode ist, das ist in Olynthos fast ein Gesetz. Wir mussten alle unsere Haare bleichen, nur meine Schwester nicht. Die war blond, wie eine Athenerin es sein sollte oder wie du. Aber Locken hatte sie auch keine.»

«Ich ja auch nicht», sagte Phoebe.

«Denkst du nie an deine Eltern?», fragte er.

«Doch», sagte Phoebe, «aber wenn ich davon rede, dann weine ich auch.»

Das stimmte nicht. Sie erzählte nichts, weil sie alles hätte erlügen müssen. Ihr fehlten die Eltern nicht. Sie war als viertes Mädchen der Familie geboren worden. Eine arme Hirtenfamilie konnte so viele Mädchen nicht großziehen. Der Vater wollte sie aussetzen, den Göttern und den wilden Tieren überlassen, brachte sie aber wieder mit zurück. Da die Familie ein Mädchen nicht brauchte, wurde sie zunächst wie ein Junge behandelt und schon früh mit zu den Herden genommen. Sie schlief in jedermanns Armen gleich gut, sie aß an jedermanns Tisch mit demselben unbeschwerten Hunger. Schon war ihr Endymion von allen Menschen, die sie kannte, der vertrauteste. Ihm konnte sie nicht verheimlichen, wo sie war, wenn er weinend des Nachts zu ihr kam und ihr Bett leer fand. Auch Hämon, der Pferdemeister, durchschaute bald, dass mit diesem Thrakerfürstensohn etwas nicht stimmen konnte.

«Wie bindest du denn ein Pferd an», sagte er. «Du musst es höher anbinden. Wenn ein Pferd erschrickt, schlägt es mit dem Kopf nach oben. Wenn du es da unten anbindest, tut es sich weh. Ich dachte, man wüsste so etwas in Thrakien.»

«Ich vergaß es, Herr», murmelte Phoebe.

«Und wo machst du den Halfterknoten? Niemals verknotet man ein Halfter im Genick. Auch das tut weh. Außerdem zieht es ihn zu. Du wirst ihn nicht wieder lösen können. Hier musst du knoten, unter den Kinnbacken. Da hängt der Knoten immer locker. Hast du das auch vergessen?»

Phoebe beobachtete die anderen Pferdejungen, besonders Lykos, der ruhig und sicher mit den vier Hengsten umging. Wie Lykos putzte sie ihre Pferde immer von oben nach unten, Rücken und Bauch jedoch niemals mit dem Striegel. Nur mit den Händen reinigte sie Rückenlinie und Bauch. Wie Lykos rieb sie ihren Pferden zuletzt das Maul mit Olivenöl ein, massierte die Lefzen und die Laden, jene Stelle im Pferdemaul, die frei von Zähnen war, auf die das Gebissteil des Zaumzeugs zu liegen kam.

«Warum tust du das?», fragte Lykos.

«Weil – weil – du tust es doch auch», stammelte Phoebe.

«Ja, bei den Hengsten», sagte Lykos. «Das Maul soll weich und empfindlich sein. Die Stuten werden weder gefahren noch geritten.»

Niemand stellte Phoebe unangenehme Fragen. Gleich am ersten Tag nach ihrer Ankunft hatte sie Daphne auf den Waschplatz geführt und ihr – ohne einen Maulkorb anzulegen oder die Beine zu fesseln – die verkrusteten Wunden gewaschen.

«Wer immer der Junge ist», sagte Hämon, «er hat eine Hand für Pferde.»

In einer Höhle schläft Endymion

«Schläfst du, Thamyris?», fragte Endymion.

Er weint, dachte Phoebe.

Drei Worte genügten, um ihr das Schluchzen in seiner Stimme zu verraten, und sie wusste ohnehin, nachts weinte er. Tagsüber lachte er mit Lykos, spielte mit ihr, versorgte die Pferde, flüsterte Galateia in die mondsichelförmigen Pferdeohren, was er früher der Mutter gesagt hatte oder der Schwester. Er tat seine Arbeit. Bei Tag war er ein Sklave an König Philipps Hof.

Nachts weinte er.

Mattes Nachtlicht fiel durch die Fenster in die Kammer der Pferdejungen.

«Schläfst du, Thamyris?», fragte Endymion lauter.

Phoebe war müde. Sie musste den ganzen Tag aufmerksam schauen, wie die anderen mit den Pferden umgingen, damit niemand merkte, wie neu ihr diese Arbeit war.

«Ich schlafe nicht», sagte sie leise.

Sie drehte sich zu ihm. Er lag auf dem Rücken. Es war dunkel, aber sie wusste, die Tränen füllten seine Augenhöhlen wie ein aus der Erdtiefe strömender Quell einen See. Der See würde überlaufen, an den Schläfen würden die Tränen herabrinnen, und es musste kitzeln, wenn sie in die Ohren liefen. Noch nie hatte Phoebe so bitter geweint, dass sie nicht hatte lachen müssen, wenn Tränen in der Ohrmuschel kitzelten.

«Siehst du den Mond, Thamyris?», fragte Endymion.

Er hatte den Kampf gegen das Schluchzen gewonnen.

«Man sieht keinen Mond», sagte sie. «Es sind ja Wolken am Himmel.»

«Du würdest auch keinen Mond sehen, wenn da keine Wolken wären. Selene, die Mondgöttin, hat ihren Platz am Himmel verlassen. Sie hat ihren Wagen bestiegen. Ihre beiden Stuten, milchweiß wie Galateia, bringen sie hinunter zur Erde, zu ihrem Geliebten, ins Latmosgebirge. Dort in einer Höhle schläft Endymion.»

«Wer schläft?», fragte Phoebe. «Was tust du?»

«Nicht ich», sagte er. «Ach, Thamyris, ihr Thraker seid seltsame Leute. Viele Götter stammen aus eurem Land, und doch kennt ihr nicht mehr Göttergeschichten, als ihr Finger an den Händen und Zehen an den Füßen habt. Du weißt nichts von Endymion?»

«Nein», sagte sie, «du bist alles, was ich von Endymion weiß.»

Täuschte sie das mondlose Nachtlicht, oder lächelte er wirklich? Er kam zu ihr, legte den Kopf an ihre Schulter, feucht spürte sie die Tränenspur von der Schläfe zum Ohr. Sie zog ihr neues, wollenes Tuch über beide.

«In dieser Höhle», flüsterte er, «schläft Endymion.»

«So erzähl doch», bat sie.

«Endymion», begann er, «war ein schöner, flinker Jäger im Latmosgebirge. In ihn verliebte sich Selene, die Mondgöttin, und da sie unsterblich ist und er nicht, bat er Zeus – vielleicht ist er auch ein Sohn des Zeus, manche sagen, er sei ein Sohn des Zeus –»

«Wie Alexander –», sagte sie.

«Nein!» Er fuhr auf. «Der ist kein Sohn des Zeus.»

«Schon gut. Erzähl weiter.»

«Um Selene auf immer lieben zu können, bat Endymion Zeus um ewiges Leben, ewige Jugend, ewige Schönheit. Zeus erfüllte seine Bitte und schenkte ihm einen ewigen Schlaf. Alle Nächte kommt Selene, küsst ihn wach für die Stunde ihrer Liebe, während die Wolken am Himmel verbergen, dass sie ihren Platz verlassen hat.»

Er schwieg und weinte wieder. Diesmal flossen seine Tränen in ihr Ohr. Es kitzelte, aber sie verspürte keine Neigung zu lachen.

«Nun bin ich Endymion», sagte er. «Den ganzen Tag schläft meine Traurigkeit, denn ich darf nicht denken an alle, die ich liebte. In der Nacht aber, Selene, komme ich zu dir. Du weckst die Erinnerung an alle, die ich liebte, ich darf weinen und traurig sein, ja?»

«Ja», sagte sie.

«Morgen Nacht erzähle ich dir keine Göttergeschichte. Morgen erzähle ich dir von Olynthos, wie es brannte, von meiner Schwester, die in brennenden Gewändern durch die Brunnenstraße rannte, vorbei an den Brunnen, die sie vielleicht hätten retten können. Ich erzähle von meinem Bruder, den ein Krieger des Königs auf unserer Schwelle niederstach, sein Blut war roter als die Flammen im Gebälk –»

«Morgen», sagte Phoebe, «morgen. Sieh nur, da steht der Mond am Himmel. Selene ist zurückgekehrt. Schlaf jetzt in deiner Höhle, Endymion.»

Er schlief auch bald ein. Sie lauschte seinen leisen, regelmäßigen Atemzügen, aber Phoebe konnte nicht mehr schlafen. Wie glücklich musste er gewesen sein, dass er so traurig sein konnte. Sie schaute ihn an, im Licht der an den Himmel zurückgekehrten Mondgöttin, Endymion, den Schlafenden. Selene, hatte er zu ihr gesagt, zweimal hatte er vergessen, dass sie für ihn Thamyris war, und hatte Selene zu ihr gesagt. Mochte er von Olynthos erzählen, von brennenden Häusern, einstürzenden Tempeln, von Philipps mordenden Kriegern in der Stadt, sie würde es ertragen zuzuhören – wenn er nur wieder Selene zu ihr sagte.

Einige Tage später stellte Endymion einen Topf auf Phoebes Bett. Den hatte er aus der Küche ausgeliehen.

«Schneidest du mir die Haare», bat er.

Sie zögerte.

«Warum ich?», fragte sie.

Seine Haare waren zu lang, viel zu lang. Seit dem Frühjahr hatte er sie nicht mehr geschnitten. Nun war es Sommer. Er hatte sich nicht trennen können von dem letzten blond gebleichten Streifen um seinen Kopf.

«Ich möchte, dass du es machst», sagte er und setzte den Topf auf.

So schnitten Sklaven einander die Haare. Alles, was unter dem Topfrand herausragte, wurde abgeschnitten.

«Gut», sagte Phoebe und griff nach dem Messer. In zweifarbenen Strähnen fiel Endymions Erinnerung an sein Leben als reicher Kaufmannssohn auf die Steinfliesen.

«Willst du sie aufheben?», fragte sie.

Endymion schüttelte den aschblonden Schopf. «Wir geben sie dem Wind», sagte er.

Durch die Hintertür liefen sie nach draußen und warfen die hell gebleichten Kaufmannssohn-Strähnen in den Sommerwind.

«Vielleicht muss ich jetzt nicht mehr weinen», sagte Endymion.

«Gewiss», sagte Phoebe.

Er nickte. Aber er schaute sie nicht an, als er sagte: «Es ist nun ein Jahr her. Heute vor einem Jahr brannte Olynthos.»

Tatsächlich schlief er besser mit aschblondem Haar, fast so tief wie der andere Endymion in seiner Höhle im Latmosgebirge. Seit ihm keine hellen, zu lang gewachsenen Strähnen mehr in die Augen fielen, erzählte er Phoebe nur noch Götter- und Heldengeschichten. Er wusste viele, und sie kannte so wenige, aber leider sagte er nicht wieder «Selene» zu ihr.

Schimmel braucht der König

Das ganze Jahr hindurch brachten sie die Stuten tagsüber auf die Weide. Unterhalb des Königspalastes hinter der Stadt lag ein weites, einigermaßen trockenes Stück Land, eingegrenzt zwischen Sümpfen und Flussläufen. Nach Süden fiel das Gelände sacht ab. Man konnte hinunterschauen auf den Meerbusen von Therma und die Mündungsarme des Axios. Dort verbrachten die Zuchtstuten den größten Teil des Tages, während Endymion und Phoebe die Ställe ausmisteten und Lykos und Xanthos halfen. Die Hengste machten mehr Arbeit, sie mussten eingespannt, aufgezäumt werden, Streitwagen und Trensen mussten gepflegt werden.

König Philipp hielt seine Zuchtpferde gewöhnlich außerhalb von Pella auf seinen Landgütern. Häufig kaufte er auch Pferde von den Thessaliern, die als die besten Pferdezüchter Griechenlands galten. Es war das erste Mal, dass Philipp acht ausgewählte Stuten am Königshof hielt. Alle waren im Frühjahr gedeckt worden, sieben waren trächtig, nur Myrtale hatte nicht aufgenommen.

«Natürlich nicht», sagte Endymion, als er mit Phoebe die Stuten auf die Tagesweide brachte, «er hätte sie eben nicht Myrtale nennen sollen.»

«Wieso», fragte Phoebe, «was hat das mit dem Namen zu tun?»

«Die Königin Olympias hieß Myrtale. Philipp hat ihr diese Stute als Reitpferd geben wollen, aber sie reitet Hengste. Ja, in ihrer Heimat, in Epiros, hieß Olympias Myrtale. Jetzt heißt die Stute so und ist verhext. Die Königin will kein Kind mehr von Philipp. Das erzählt sie, und er lässt sie nicht steinigen. Stell dir das vor. Und die Stute Myrtale ist nun auch unfruchtbar. Das ist aber gut so. Gewiss hätte sie ein Fohlen, wie Alexander ein Mensch ist. Das wäre ja schlimmer als Harpyie.»

«Wenn Harpyie ihr Fohlen hat, wird sie sanfter sein», sagte Phoebe. «Wir brauchen dann keine Angst mehr vor ihr zu haben.»

«Vielleicht will Olympias darum kein Kind mehr», überlegte Endymion, «weil sie nicht sanfter werden will? Sie hat zuerst diesen bösen Geist geboren mit den zweifarbenen Augen und den kurzen Beinen. Davon wird man nicht sanfter. Aber Harpyie ist nicht so schlimm wie Olympias.»

An einem trüben Tag im Dezember holten sie die Stuten von der Weide wie jeden Tag. Sowohl Phoebe als auch Endymion versicherten später, dass Harpyie sich in keiner Weise auffällig verhalten habe. Sie riefen die Stuten, und sie kamen sofort. Sie wollten heim, im Stall war es trockener. Endymion führte immer Galateia. Phoebe hätte gern Daphne am Halfter genommen, aber sie musste Hippolyta halten, die sich zwar artig führen ließ, aber wenn sie frei lief, sofort eigene Wege ging. Die anderen liefen zuverlässig mit. Alle kannten ihren Weg. Wie immer hielten sie ein Auge auf Harpyie. Wo die ging, war Unruhe. Unstet sprang sie vor und zurück, ihr schmaler, schwarzer Kopf drohte mit angelegten Ohren und entblößten Zähnen. Das alles war nicht ungewöhnlich. Bis sie stehen blieb und schrie. Endymion holte tief Luft, ließ Galateia los, ging zurück.

«Komm», rief er, «Harpyie, komm.»

Natürlich kam sie nicht. Dieses Pferd gehorchte nie.

Harpyie stieg, schlug aus, umkreiste die anderen Stuten, biss und wollte sie zurück zur Weide treiben. Endymion und Phoebe waren hilflos. Galateia aber ging unbeirrbar weiter zum Stall. Ihr folgten die Stuten. Harpyie blieb schreiend zurück, wendete, galoppierte zur Weide.

«Danke, Galateia», keuchte Endymion. «Lykos soll Harpyie

holen oder Hämon, die haben keine Angst, danke Galateia, danke.»

Hämon ging selbst mit ihnen zur Weide. Sie fanden Harpyie in einem Eschengehölz. Der Nebel begann gerade zu steigen. Bis zu den Sprunggelenken stand die dunkle Stute in wattigem Weiß. Hämon zog ein feuchtes, schleimiges, schwarzes Fell zwischen ihren Vorderhufen hervor, Harpyie drohte mit Zähnen und Hufen.

«Ihr Fohlen», sagte Hämon. «Zu früh geboren. Tot.»

«Sie wird so böse bleiben, wie sie ist», sagte Endymion. «Sie will gar kein Fohlen, weil sie nicht sanfter werden will. Sie hasst Menschen und Pferde. Sie hätte ihr eigenes Fohlen gehasst.»

Aber Hämon schüttelte den Kopf. Seine ruhigen Hände strichen über Hals und Rücken der Stute.

«Sie ist nicht böse», sagte er. «Sie ist unglücklich. Ich war dabei, als wir gegen die Skythen kämpften. Heißes, trockenes Land, Sand und Steine unter den Hufen. Da gehört sie hin. Sie ist unglücklich hier.»

«Aber Daphne», sagte Phoebe, «Daphne ist doch auch von dort.»

«Ja, Daphne», sagte Hämon und lächelte, «selten gibt es solche wie Daphne. Nun – wenn ich das Fohlen trage, muss einer von euch die Stute führen.»

Endymion schluckte.

«Sie gehorcht mir nicht.»

«Stell dir vor», sagte Hämon, «heiße, trockene Luft, karges, aber würziges Gras, Sand und Steine unter den Hufen – du musst versuchen, sie zu verstehen.»

Misstrauisch beobachtete Endymion den schwarzen Pferdekopf.

«Oder», sagte Hämon, «stell dir die Felsen der Chalkidike vor, Olynthos in der stillen Bucht, das Haus deines Vaters, kaum weniger prächtig als Philipps Palast, du aber lebtest in jenem Teil des Hauses, in dem die Fußböden voller Mosaike waren, die Wände bemalt, die Säulen bunt, und der Vater nahm dich mit zum Hafen. – Sie ist heimatlos wie du.»

Hämon ging voran mit dem toten Fohlen. Harpyie folgte ihm. Endymion lief neben ihr her. Langsam wagte er sich näher, immer näher an sie heran.

Das erste Fohlen, das gesund geboren wurde, war Galateias. Sie gebar ihr Fohlen stehend, es war ihr fünftes, es ging schnell. Ruhig biss sie die Membran auf, in die das Fohlen eingehüllt war, und leckte es trocken. Das alles regte sie nicht auf. Ihre Augen waren voll stiller, gelassener Freude. Ohne jedes Misstrauen, mit Verständnis und Zuneigung ließ sie zu, dass Endymion neben dem Fohlen kniete und es mit weichen Wolltüchern abrieb.

«Bringt doch Licht», bat er, «ein wenig mehr Licht.»

Hämon ließ die Stalltüren öffnen.

«Es ist ein Hengst», sagte Endymion, «ein Fuchs, aber gewiss wird er ein Schimmel werden.»

Er hielt das Fohlen im Arm. Sein Gesicht leuchtete.

So also sieht er aus, wenn er durch und durch glücklich ist, dachte Phoebe.

«Ja», sagte Hämon, «Leukippos, sein Vater, ist ein Schimmel. Wir müssen fürchten, dass er ein Schimmel wird.»

«Ich liebe Schimmel», sagte Endymion.

«Leider werden sie nicht alt», murmelte Hämon.

«Wieso?», fragte Endymion. «Weil Könige Schimmel reiten und der Feind sie in der Schlacht erkennt? Aber die makedonischen Könige reiten Rappen, und ihre Feinde wissen das.»

«Nun lass das Fohlen los, dass es aufstehen und trinken kann», sagte Hämon, «und wünsch dir, dass es ein Fuchs bleiben darf.»

Endymion war zu glücklich, um beunruhigt zu sein, aber Phoebe fragte Lykos: «Was geschieht mit den Schimmeln?»

«Ich weiß nicht», sagte Lykos, «aber ich habe gehört, dass Philipp seit kurzem auf seinen Landgütern bevorzugt Schimmel züchten lässt. Sie bräuchten nicht schnell zu sein, heißt es, nicht schön, nicht klug, nicht mutig, nur viele.»

Ochsenkopf

Für Daphne war es das erste Fohlen.

Für Daphne war alles neu.

Und der König hatte befohlen, dass man ihn wecken solle, auch seinen Sohn.

«Das tun wir aber nicht», sagte Endymion. «Sie wird ein totes Fohlen gebären, wie Harpyie, wenn dieser kleine, böse Geist kommt, der sie einmal so gequält hat.»

Und wirklich sagte er: «Nein!», als Hämon in einer Vollmondnacht Ende März kam und verkündete: «Wir müssen den König wecken.»

Den König. Den König. Was scherte sich Endymion um den König. Er war aufgewachsen im demokratischen Olynthos. Selbst die Götter auf dem Olymp, wo die Säulen aus Gold und die Fußböden aus Bronze waren, entschieden in seinem Denken so, wie die Mehrheit abstimmte. Auch ohne den hellen Kranz gebleichter Haare blieb Endymion ein reicher Kaufmannssohn aus einer demokratischen Stadt.

Xanthos aus dem Königreich Epiros zögerte keinen Augenblick. Er ging und weckte den König.

«Sie will sich hinlegen», beobachtete Hämon, «bringt Stroh, mehr Stroh.»

Phoebe und Endymion rannten zur Strohschütte. Die Arme voller Gerstenstroh, liefen sie zurück zum Stall. Dort stießen sie zusammen mit einem Jungen, der den Mist aus Daphnes Lagerplatz entfernte.

«Oh», sagte Endymion, als er Alexander erkannte.

Daphne sank erleichtert stöhnend in das dichte, saubere Stroh.

«Sie soll sich nicht hinlegen», sagte Alexander, «sie soll ihr Fohlen stehend gebären. Ich will es so.»

«Hier geschieht nicht, was du willst», sagte Philipp scharf.

Phoebe hockte sich neben die Stute und nahm ihren Kopf in die Arme. Sie strich sacht mit den Fingerspitzen über den schmalen Nasenrücken, sie streichelte die verletzbar dünne, haarlose Haut um das bebend geöffnete Maul, sie legte den Kopf in die cremeweißen Stirnhaare. Um ihre Wangen zuckten die kleinen Pferdeohren wie ein pochender Schmerz. Sie schaute über den Hals, über den in Wehen sich hebenden, senkenden Leib – wie groß der war, jetzt, da die Stute lag – sie sah – wie in weiter Ferne – Alexander dicht neben dem schlagenden Schweif des Pferdes. Natürlich – der war da, wo etwas geschehen würde, dort würde das Fohlen geboren, auf dem er die Welt erobern wollte. Phoebe schaute in das gesammelte, aufmerksam gespannte, ruhig und zuversichtlich wartende Gesicht des Königssohnes und vergaß alles, was Endymion über ihn gesagt hatte.

Wie schön er ist, dachte sie. So ruhig und still und ohne Zweifel, wie eine Götterstatue des Lysipp.

Es war dämmrig dunkel. Das sehnsuchtsblaue Auge sah man nicht. Und Phoebe fühlte, wie weit sie von Alexander entfernt war, viel weiter als um den Abstand eines Pferdeleibes. Er war da, wo gleich etwas geschehen würde. Sie war dort, wo man nur lieben, streicheln, trösten konnte.

Der Körper der Stute spannte sich.

«Jetzt», sagte Hämon, «das sind die Vorderhufe. Sie ist eine gute Zuchtstute. Eine leichte Geburt.»

Phoebe schloss die Augen.

Oh, Artemis, dachte sie, göttliche Hebamme, hilfst du nur Menschen in diese Welt? Du hast deinen Tempel in Ephesos verlassen, als Olympias Alexander gebar. Komm wieder jetzt, nach Pella. Verlass deine Tempel, verlass deine Wälder. Um dieses Fohlens willen mag ein Tempel einstürzen, ein Wald abbrennen.

Daphne entspannte sich stöhnend. Zitternd lauschte Phoebe auf die nächsten Worte. Die sprach Hämon.

«Es lebt.»

Phoebes heiße Stirn gleitet über den schmalen Nasenrücken des Pferdes, bis sie den warmen Atem spürt. Das Maul nicht mehr schmerzgeöffnet, stößt Daphne die Luft ausatmend, aufatmend durch geweitete Nüstern.

Phoebe lässt den Kopf los. Nun muss die Stute aufstehen.

Sie braucht keine Hilfe. Sacht befreit sie das Fohlen aus der Membran und leckt es trocken. Ihre warme, weiche Zunge belebt das Blut unter der dunklen, feuchten Haut ihres Kindes. Das wird trockener, aber nicht heller.

«Ein Rappe», flüstert Alexander in die Stille.

«Die Nachgeburt», sagt Hämon, «erst wenn die heraus ist, hat sie es ganz überstanden.»

«Oh, Zeus», flüstert Alexander, «oh, Zeus, mein Göttervater, es muss ein Hengst sein.»

«Lass Thamyris das feststellen», sagt Hämon, «ihn wird sie am ehesten heranlassen.»

Aber Phoebe steht noch immer am Kopf der Stute. Und Alexander lässt nicht gern andere für sich handeln. Er berührt das Fohlen.

«Dass sie ihn nicht gebissen hat», sagte Endymion später. «Sie hätte ihn doch beißen müssen. Ich verstehe das nicht.»

Aber Daphne beißt nicht. Sie lässt zu, dass Alexander den Fohlenschweif aufhebt und nach dem Geschlecht ihres Kindes tastet.

«Ein Hengst!», sagt er.

«Die Nachgeburt», sagt Hämon. «Nun haben wir Zeit für das Fohlen.»

Das braucht ihre Hilfe nicht. Es ist so gesund und kräftig wie seine Mutter. Natürlich kämpft es um sein Gleichgewicht, als es die Vorderbeine aufstellt. Schwankend sitzt es wie ein Hund. Natürlich fällt es einige Male um, als es versucht, die Hinterhand zu erheben. Aber dann steht es. Gerade als das erste Sonnenlicht durch die Säulengalerie der Ostseite fällt, da steht es.

Aber – es hat lächerlich lange Beine, noch lächerlicher, noch länger, als man es ohnehin von neugeborenen Fohlen gewöhnt ist. Und es hat einen Kopf – niemals haben sie ein Fohlen mit so mächtig breiter Stirn gesehen.

«Ochsenkopf!», stößt Alexander hervor. «Bukephalos! Weil eine Rinderhirtin spielte, als es gezeugt wurde.»

Er springt auf und rennt aus dem Stall.

Ganz kurz sieht Phoebe die Enttäuschung in seinen Augen blitzen. Die sind so verschiedenfarben wie nie zuvor.

Die Mondgöttin

Phoebe tauchte die Hände in das Wasser und bat die Nymphe des Flusslaufes um Erlaubnis, sich waschen zu dürfen. Es war Mitte Mai, die Sonne schien warm, aber das Wasser war kalt. Lange zögern durfte sie nicht: Endymion war zum Stall zurückgelaufen, um die Astragaloswürfel zu holen. Viel war nicht zu tun, seit alle Stuten ihre Fohlen hatten. Die Weide war da, wo sie nicht von Mündungsarmen des Axios begrenzt war, eingezäunt. Nicht einmal der übermütige Bukephalos konnte davonlaufen.

Phoebe glitt ins Wasser. Sie wollte die Gelegenheit nutzen, einmal nackt zu baden. Langsam ließ sie sich von der trägen Strömung treiben, hielt sich an einer Erlenwurzel, ließ sich weiter treiben, tauchte, schüttelte die nassen Haare. Bukephalos stand am Ufer und schaute ihr zu. Der durfte sie ohne die thrakischen Hosen sehen. Sie hatte ihm längst erzählt, wer sie war, hatte es ihm abwechselnd in jedes seiner kleinen Ohren geflüstert, hatte seine breite Stirn dazwischen gestreichelt und ihm gestanden, dass sie schuld sei an seinem Ochsenkopf. Offenbar hatte ihr der kleine Hengst das nicht übel genommen. Er wartete am Ufer, als sie herauskletterte, und drückte seine Nase in ihren Bauch. So einen nassen Menschen hatte er noch nicht gesehen.

«Komm», sagte Phoebe, «wir machen einen Wettlauf. Zu meinen Kleidern. Los!»

Sie rannte, das Fohlen trabte neben ihr her.

«Natürlich hättest du gewonnen», schalt sie ihn. «Wenn du Alexanders Pferd sein willst, musst du siegen.»

Sie wollte sich abtrocknen mit ihrem Himation. Bukephalos

nahm einen Zipfel des wollenen Tuches mit den Zähnen und zog. Sie musste loslassen, das Fohlen lief rückwärts mit dem wehenden Tuch, erschreckte Kalais, Galateias Sohn, ließ das Gewand los, umkreiste es und verteidigte es gegen Phoebe. Als sie ihr Himation zurückerobert hatte, war sie längst trocken.

«Ich kenne viele Ochsen», sagte sie, «und viele Stiere, alte und junge, wilde und zahme, und ich sage dir, hinter deinem breiten Schädel steckt kein Ochsengehirn. Fohlen kenne ich noch nicht so gut, aber keins von den anderen Fohlen macht so was.»

Sie prüfte, ob das Tuch beschädigt war, fand aber nicht einmal eine Spur von Bukephalos' Zähnen.

Langsam ging sie zu ihren Hosen und ihrem Chiton zurück.

Wie mag sich das anfühlen, wenn man das Himation trägt wie ein reicher Herr oder ein Philosoph, dachte sie.

Sie legte das Tuch über die linke Schulter, zog es unter dem rechten Arm durch über die Brust, hielt alles mit der linken Hand.

So kann man durch Säulengalerien gehen, dachte sie, arbeiten kann man so nicht.

Mit kleinen Schritten, denn sie stolperte über die Säume, ging sie um ein paar maigrüne Birken. Ihre linke Hand hielt den Stoff zusammen, ihr rechter Arm machte große Gesten, lud die Sonne, die Vögel und den neugierig folgenden Bukephalos zum Lustwandeln und Philosophieren ein.

Oder wie die Königin, dachte sie.

Sie ließ das Tuch sinken und überlegte. Wie machte das die Königin, dass der Stoff gar so gefällig über ihren Körper fiel?

Phoebe hielt das Himation, beide Arme ausgestreckt, hinter ihrem Rücken, blickte nachdenkend ins Leere. Aus den Weidenbüschen vor ihr trat Endymion.

Schau, wie viele Astragaloswürfel ich habe, hatte er vielleicht sagen wollen.

In seinen zur Schale zusammengelegten Händen türmten sich die Würfel. Seine Augen, eines so goldbraun wie das andere, schauten strahlend von den sorgsam gehüteten Würfeln zu Phoebe.

Oder: Hast du den Ziegenkäse schon gegessen und den Kuchen von Hämon?

Vielleicht hatte er das sagen wollen. Hoch in einer Birke, sicher, sogar vor Bukephalos, hing ihr Essenssack.

Irgendetwas hatte er sagen wollen, er hatte den Mund schon geöffnet, aber es war alles nicht mehr so wichtig.

Phoebe blieb reglos stehen, das Himation ausgespannt wie eine Wand in ihrem Rücken. Sie hätte die Arme kreuzen und den Körper verhüllen können. Aber das nützte nun auch nichts mehr.

Ein paar Würfel kullerten aus Endymions übervollen Händen, Phoebe ließ das Tuch langsam sinken, Endymions Hände zitterten, die Schale zerbrach in eine rechte und eine linke Hand, mit Glück und Geschick gewonnene Astragali regneten ins Gras – sie brauchten später lange, bis sie die wieder eingesammelt hatten –, und mit demselben Atem, mit dem er etwas über seine Würfel hatte sagen wollen oder den Ziegenkäse oder den Kuchen, mit derselben Luft sagte Endymion: «Oh, Thamyris, dann werden wir ja sogar heiraten können.»

Sie hatten das Fohlen zwischen sich. Natürlich musste Bukephalos an den Würfeln riechen, musste auch mit einem Vorderhuf darin scharren, und später brauchten sie wirklich lange, bis sie die wieder eingesammelt hatten, zumal Endymion achtlos mitten hindurchlief. Er fasste Phoebe bei den Schultern, bei den Händen, sie ließ das Tuch los, die Sonne war warm, sie brauchte es nicht mehr, er drehte sie im Kreis, sprang um sie herum, tanzte mit ihr über die Wiese, und sie passte auf ihre Füße auf, weil er Sandalen trug und sie nicht.

Plötzlich drehte er sich um, rannte zu den Würfeln, schubste das Fohlen beiseite, wählte vier Würfel aus, lief zu einer flachen Steinplatte weiter oben am Fluss.

Phoebe sah, wie er die Astragali warf, hörte seinen Jubelschrei und folgte ihm. Sie erreichte ihn bei einem neuen Jubelschrei und sah, jeder Würfel war auf eine andere Zahl gefallen.

«Zweimal!», strahlte er. «Zweimal hintereinander ist mir der Liebeswurf gelungen. Wenn ich noch einmal die Zahlen der Aphrodite treffe, wissen wir, dass die Götter uns füreinander bestimmt haben.»

Schon hob er den Arm, aber sie hielt ihn fest. «Lass», sagte sie, «bitte, lass.»

«Aber warum?»

«Wir glauben es auch so.»

Sie nahm ihm die Würfel weg, ging zurück zu der Stelle, wo die anderen lagen, mischte die vier Glückswürfel darunter.

Er soll sie nicht wiederfinden, dachte sie. Zu viel Glück fordern, zu viel Gewissheit verlangen, macht die Götter zornig. Zu viel Glück erreichen, zu viel Gewissheit erhalten, macht sie eifersüchtig. Schlimm ist der Götter Zorn, schlimmer ihre Eifersucht.

Endymion hockte sich neben sie und berührte leicht ihre Schulter.

«Du», sagte er, «du musst mir nicht alles erzählen, nicht gleich, so nach und nach, nur eines muss ich wissen: deinen Namen. Wie heißt du?»

«Nicht das», sagte sie, «alles, nur nicht meinen Namen. Du wirst mich rufen damit, und dann wissen es alle.»

«Ich passe auf, ich schwöre –»

«Nicht schwören!»

«So sag's.»

«Phoebe», sagte sie leise.

Als er erkannte, dass sie ein Mädchen war, hatten seine Hände gezittert. Als er ihren Namen hörte, zitterten seine Lippen.

«Was hast du?», fragte sie.

«Phoebe», sagte er.

«Phoebe!», rief er, jubelte er lauter, als wenn ihm der dritte Liebeswurf gelungen wäre.

«Phoebe! Weißt du denn nicht, wer das ist?»

«Ich kenne nicht so viele Geschichten wie du.»

«Phoebe ist Selene, die Mondgöttin. Phoebe ist der Beiname von Selene, der Mondgöttin.»

Sie zuckte zusammen wie unter einem Schlag. Würden die Götter zwei Menschen erlauben, so glücklich zu sein? Endymion aber war es ganz selbstverständlich, dass ihn die Götter beschenkten. Er sprang auf und hüpfte um Phoebe herum, dass die Astragaloswürfel in alle Richtungen spritzten. Ja, sie brauchten später lange, bis sie die wieder eingesammelt hatten.

Und es ist keineswegs sicher, dass sie alle fanden.

Sommersonnenschatten

Bukephalos lag im Gras, flach auf der Seite, die Beine gestreckt, ein schwarzer, heftig atmender Fleck in der Junisonne. Er war erschöpft. Mit Briesïs, dem Stutfohlen der Hermione, war er über niedrige Büsche und Baumstämme gesprungen, mit Hippothoe, Hippolytas Tochter, hatte er ein Wettrennen quer über die Weide gemacht, in Zickzacklinien und raschen Wendungen war er mit Eos, Kalliopes Tochter, um die Birken und Weiden gerannt, die beiden Hengstfohlen aber, Kalais und Samphoras, hatte er zum Kampf gefordert, beide zugleich, bis sie mit den Vorderbeinen einknickten, mit der Nase den Boden berührten und ihm damit sagten: Du hast gewonnen. Da war er mit erhobenem Kopf, wiehernd mit heller Fohlenstimme auf den Mündungsarm des Axios zugelaufen.

Hatte er geglaubt, er würde noch anhalten können am Ufer? Oder hatte er geglaubt, er würde hinüberspringen können?

Er erfuhr, dass er schwimmen konnte.

Noch ehe Phoebe und Endymion das Ufer erreichten, war er an Land geklettert. Er schüttelte sich. Das Wasser spritzte aus seinem nassen Fohlenfell. Und dann ließ er sich ins Gras fallen. Er war müde.

«Oh, sah der wild aus, als er auf den Fluss zurannte», sagte Endymion.

Er ging zu Kalais. Auch der kleine Fuchshengst lag im Gras und schnaufte nach dem verlorenen Kampf mit Bukephalos.

Endymion untersuchte sein Fell, besonders die Wölbung über den Augen.

«Hier kommen meist die ersten weißen Haare, wenn sie Schimmel werden», erklärte er.

«Es ist noch zu früh», meinte Phoebe.

«Sagt Hämon, ja, aber manche sind hier schon früh stichelhaarig.»

«Du sollst dir auch wünschen, dass er ein Fuchs bleibt.»

«Sagt Hämon, ja, er mag keine Schimmel, weil sie immer so dreckig sind.»

Bukephalos lief nicht nur schneller als die anderen Fohlen, er sprang, schlug, biss, wuchs nicht nur schneller, er ruhte auch schneller. Seine Pause war beendet. Er sprang auf, lief von einem Fohlen zum anderen, aber die gähnten ihn an.

«Er hat ganz kleine Hufe», sagte Phoebe, «obwohl er groß ist und so einen schweren Kopf hat.»

Sie beugte sich über die deutlichen Hufspuren im Schlamm des Ufers. Endymion ging zu ihr.

«Schwalbe», sagte er und machte eine kleine Spitze an den vorderen Rand eines Hufabdrucks, «man sagt zu der Hufsohle Schwalbe, das ist der Schnabel, der Strahl teilt die Sohle in zwei Flügel. Ein gut geformter Huf sieht aus wie ein Vogel im Flug.»

Bukephalos hatte keinen Spielgefährten gefunden und wurde zornig. Alle vier Schwalben unter seinen Hufen flogen gleichzeitig auf. Er sprang hoch, drehte sich, keilte, scharrte.

Und da entdeckte er ihn:

Seinen Begleiter. Das einzige Pferd, das ihm folgen würde auf seinem langen Weg, in seinem langen Leben. Es war so schwarz wie er, so schnell, so ausdauernd und unerschrocken, durch tausend Gefahren und Entbehrungen würde ihm dieses eine Pferd folgen, wenn er zusammen mit Alexander die Welt eroberte, durch Persien bis nach Indien, es war so flink wie er und so ochsenköpfig, nur nicht ganz so hochbeinig, zumindest nicht, wenn die Sonne schon hoch am Himmel stand.

Bukephalos entdeckte seinen Schatten.

Von diesem Tag an kämpfte und spielte er mit seinem Schatten, wenn die anderen Fohlen müde waren, und er konnte rasend werden bei diesem Spiel. Wie er auch rannte, diesen Gegner überholte er nicht. Der war genauso flink in jeder Wendung. Der landete zugleich mit ihm nach dem kühnsten und höchsten Sprung.

Bukephalos tobte. Er drehte sich im Kreis, schlug zugleich in mehrere Richtungen, man sah das Weiße in seinen Augen, das Rote in den Nüstern.

«Er ist verrückt geworden!», rief Phoebe. «Eine Schlange muss ihn gebissen haben.»

Sie versuchte, auf ihn zuzugehen, aber er ließ sie nicht an sich heran.

«Endymion, so sag doch, was tun wir?»

Endymion lief zu der Weide, in der ihr Essenssack hing, schwang sich hinauf. Sie folgte ihm.

«Hier», sagte er und reichte ihr die Panflöte hinunter.

Phoebe lehnte sich gegen den Baum. Erst musste sie verschnaufen. Dann konnte sie spielen. Die Stuten kannten ihre Lieder. Sie hoben die Nasen aus dem Gras, zuckten mit den Ohren, gingen langsam auf sie zu.

Schneller ist Bukephalos. Plötzlich steht er vor ihr, reglos wie sein Schatten. Kleine, bewegliche, pelzige Mondsichelohren drehen sich und fangen die Töne auf, die laufen zitternd durch den Fohlenkörper, unter seinen Hufen fliegen die Schwalben auf. Bukephalos tanzt mit seinem Sommersonnenschatten. Er schwebt auf den Klängen der Syrinx, spinnwebzart, vogelleicht. Auch der Ochsenkopf.

Phoebe versucht unbemerkt, den Kopf beiseite zu drehen, hofft, dass die Flöte ohne sie weiterspielt oder Pan das Lied für sie übernimmt.

«Endymion», flüstert sie, «siehst du's? Siehst du, was das für ein Pferd sein wird?»

«Ja», murmelt er, «wir müssen ihn verbergen vor dem bösen Geist mit den kurzen Beinen. Wenn der ihn so sieht …»

Aber die Flöte spielt nicht ohne Phoebe, und Pan springt nicht für sie ein. Bukephalos schnaubt unwillig, streckt den Kopf vor, seine festen, samtweichen Lippen tasten über die Syrinx.

«Nein», lacht Phoebe.

«Er will spielen», sagt Endymion.

«Also das kann er nun wirklich nicht.»

«Natürlich nicht.»

Aber ganz sicher sind sie nicht.

Opferschimmel

Wenige Tage später hatte sich etwas verändert. Zwar schien noch immer die Junisonne, zwar kämpfte Bukephalos noch immer mit seinem Sommersonnenschatten, und Phoebe mit ihrer Flöte war die Einzige, die ihn beruhigen konnte, zwar prüfte Endymion wie immer die Farbe über Kalais' Augenwölbung, aber er hoffte nun, keine Schimmelhaare zu finden.

Erleichtert ließ er den Fohlenkopf los.

«Keine weißen Haare», sagte er. «Ich denke, er darf ein Fuchs bleiben.»

Schimmel würden nicht alt werden an König Philipps Hof. Das hatte nun auch er verstanden.

Olympias habe diesen Gedanken gehabt, behauptete er, allenfalls noch ihr widerwärtiger Sohn.

Aber es war ein Priester des Poseidon gewesen, der von Philipp verlangt hatte, er müsse dem Meergott ein Opfer bringen. Ohne die Hilfe Poseidons – das wussten alle – hätten die Makedonier Olynthos niemals erobert. Viertausend athenische Bürger näherten sich mit ihren Schiffen, als Philipp in die Hafenstadt einfiel. Sie konnten nicht landen. Heftige Nordwinde trieben sie auf das offene Meer zurück. Poseidon, der Gott des Meeres und Herr über die Schifffahrt, verhalf König Philipp zum Sieg. Ihm musste ein Opfer gebracht werden. Man opferte Poseidon gewöhnlich Stiere. Ein prachtvoller Stier mit vergoldeten Hörnern wurde dann zum Opferaltar geführt, getötet, das Fleisch wurde gebraten und an das Volk ausgeteilt. Die Priester untersuchten die Eingeweide, waren sie gesund, so verhießen sie dem feiernden Volk ein glückliches Jahr, Knochen und Eingeweide wurden verbrannt, der Rauch stieg zum Himmel, Götter lebten vom Rauch ihrer Opfertiere, Menschen von deren Fleisch. Das Volk war froh, das Volk war satt. Manche Arme, die sich nicht einmal gebratene Spatzen leisten konnten, bekamen bei den Opferfesten die einzigen Fleischmahlzeiten.

Gern hätte Philipp dem hilfreichen Poseidon ein solches Opfer gebracht.

Vielleicht – wahrscheinlich – war es wirklich Olympias gewesen, die ihn daran erinnerte, dass Poseidon auch der Gott der Pferde war. Auf Rhodos jagten sie jedes Jahr ein Vierergespann ins Meer, dem Poseidon zum Dank, und ihnen hatte er keine aufrührerische Hafenstadt erobert. Wie könnte der makedonische König geiziger sein als die Rhoder? Vier weiße Pferde. Aus den weißen Schaumkronen spritzender Wellen hatte Poseidon einst das Pferd erschaffen. Vier weiße Mähnen sinkender, ertrinkender Pferde, sich mischend mit den gischtigen Wellen – der Gott nahm seine Schöpfung als Geschenk zurück.

So müsse es sein.

Philipp zögerte.

Ein Vierergespann. Vier weiße Pferde. Jedes Jahr. Und er hatte Olynthos zerstört, anstatt die reichen Kaufleute zur Tributzahlung zu verpflichten. Niemals würde die Stadt wieder aufgebaut werden. Nichts hatte sie ihm eingebracht. Und nun sollte sie auch noch teuer werden. Ein Vierergespann. Vier weiße Pferde. Jedes Jahr.

«Ein Zweiergespann», schlug er vor.

Olympias tobte. Ihre Schlangen zischten.

Mit den Göttern dürfe man nicht knauserig sein!

Alexander lief davon und warf zwei Hände voll Weihrauch in die Flamme am Hausaltar. Leonidas, sein strenger Lehrer, verwies ihm die Verschwendung. Alexander wurde zornrot, stampfte auf mit seinen kurzen Beinen.

«Mit den Göttern darf man nicht knauserig sein!», rief er, den Kopf leicht schief nach links geneigt.

«Wenn du einmal die Gewürzländer weit im Osten erobert hast, darfst du Weihrauch vergeuden», spottete Leonidas.

Er wird noch lange spotten, der strenge Lehrer mit den kühlen Augen und dem schmalen Mund. Fünfzehn Jahre wird Alexander leben müssen mit dieser Kränkung. Dann wird er Gaza erobern, die Hafenstadt, in der Gewürze und Düfte aus dem Osten eingeschifft werden. Achtzehn Tonnen Weihrauch und Myrrhe wird er dem alten Lehrer schicken, damit der die Duftharze nur so ins Altarfeuer schaufeln kann –

Noch muss er sich tadeln lassen wegen zweier Hände voll Weihrauch. Noch muss er miterleben, wie sein Vater um ein paar weiße Pferde feilscht …

«Auf keinen Fall vier», bestimmte Philipp, «zumindest nicht jedes Jahr. Ein Zweiergespann jährlich oder ein Vierer alle zwei Jahre. Du darfst wählen.»

«Vier!», zischte Olympias lauter als ihre Schlangen.

Und nun standen vier weiße Hengste im Stutenstall. Die Stuten und die Fohlen mussten ein paar Wochen auf der Weide bleiben. Phoebe und Endymion hatten viel zu tun. Sie mussten die Schimmel versorgen und Xanthos bei den Hengsten helfen, denn Lykos lernte, das Vierergespann zu führen. Er sollte den Opferwagen fahren.

«Du hast bessere Wagenlenker», sagte Olympias.

«Die brauche ich in wenigen Wochen für die Pythischen Spiele in Delphi.»

«Der Wagenlenker wird abspringen, bevor die Pferde über den Felsen ins Meer stürzen.»

«Das hoffe ich. Ich will nicht auch noch einen guten Pferdejungen verlieren.»

«Du bist geizig mit Pferden und Wagenlenkern.»

Am schlimmsten war es, als Olympias mit Philipp und Alexander in den Stall kam, um die vier Schimmelhengste anzuschauen.

«Der ist noch nicht weiß», sagte sie und zeigte auf den jüngsten der Hengste, «der kann erst in zwei Jahren dabei sein.»

Philipp zuckte die Achseln.

«Ich füttere ihn nicht noch zwei Jahre, nur um ihn dann ins Meer zu stürzen. Andere Pferde habe ich jetzt nicht.»

«Im Hengststall steht ein reiner Schimmel.»

«Leukippos ist einer meiner besten Zuchthengste.»

«Du hast noch eine Stute. Es darf auch eine Stute sein.»

«Galateia ist eine meiner besten Zuchtstuten. Sie hat auch immer Schimmelfohlen geworfen. Wie soll ich die vielen Schimmel herbringen, wenn ich meine weißen Zuchtpferde opfere?»

Es dämmerte schon, als sie alle Pferde versorgt hatten. Da lief Endymion noch einmal zur Weide, hielt Kalais' Kopf ins Abendlicht und fand keine weißen Haare.

Gestutzte Flügel

Lysippos aus Sikyon war Philipps bevorzugter Bildhauer. Man sagte, der König habe schon eine Schlacht abgebrochen, um dem Lysippos Modell zu stehen für eine neue Statue. Man bezweifelte auch, dass Philipp die große Rennbahn vor Pella wirklich für seine Pferde und Sportler bauen ließ. Bevor die Startbalken für die Läufer in die Bahn eingelassen, bevor die Abfahrtstellen der Wagenlenker markiert waren, standen Sockel um das lang gestreckte Oval und warteten auf Figuren des Lysipp. Die kamen bald. König Philipp, so mutmaßte mancher, schmückt nicht sein Sportfeld mit Figuren, er baut sein Stadion, um Lysippos aus Sikyon mehr und noch mehr Anlässe zu geben, seine Athleten zu formen.

Lysippos' Statuen hatten lange Beine, dennoch wirkten sie schwerer als ihre Artgenossen in den großen Kampfbahnen von Olympia und Delphi, und das nicht nur, weil Lysippos in Bronze arbeitete. Sie waren nicht mehr so schlank wie die Statuen in Athen. Die vollen Gesichter, die weichen, zarten Wülste um die Hüften bewiesen, dass Lysippos seinen Modellen nicht nur den Erfolg gönnte, sondern auch die Feier nach dem Sieg. Vor dem Wettkampf rieben die Athleten den nackten Körper mit Ölen ein, danach genossen sie in Öl gebackene Hammelkeulen und schöpften den Wein aus den großen, breiten Gefäßen. Gelassen umstanden sie auf ihren Sockeln die Rennbahn von Pella, schauten herab, als lebten sie in einer Zeit, in der es immer Abend war, lehnten träge einen Speer an die Schulter, hielten lässig einen Wurfball in der Hand oder schabten sich müde mit dem Ölschaber das verschmutzte Öl von der verstaubten Haut. Alexander wurde jedes Mal zornig, wenn er aufblickte zu den schlaffen, gelangweilten Gesichtern hoch über den aufreizend, beneidenswert langen Beinen.

An der kurzen hinteren Seite der Rennbahn hatte man einen kleinen Hain von Ölbäumen stehen gelassen. In einen dieser Bäume waren Phoebe und Endymion geklettert. Sie hatten Lykos geholfen, die vier Schimmel anzuschirren, und warteten nun, um den großen Freund mit dem Vierergespann über die Rennbahn jagen zu sehen. Endymion lag bäuchlings auf einem waagerechten Ast, ließ Arme und Beine hängen, die baumelten wie die Pfoten eines satten Leoparden, er hatte den Kopf auf den Ast gelegt, zu Phoebe gewandt, und blinzelte sie an mit goldbraunen Augen durch halb geschlossene Lider.

«Phoebe, Selene, meine Mondgöttin», sagte er, «weckst du mich, wenn er kommt?»

«Er ist ja schon da. Du musst nur hinschauen.»

«Ich kann doch nicht. Ich muss doch schlafen. Du musst mich schon wecken, Phoebe, Selene, meine Mondgöttin.»

«Oh», rief Phoebe, «wo ist denn der kleine, dunkle Schimmelhengst? Wen hat er denn als vierten Schimmel eingespannt?»

Die baumelnden Beine des satten Leoparden schnellten hoch. Aufrecht saß Endymion auf seinem Ast.

«Aber da ist er doch», sagte er erleichtert, «außen rechts, wie wir ihn angeschirrt haben. Was erschreckst du mich so?»

«Ich habe dich geweckt, Endymion, mein Schläfer in der Höhle. Ich habe dich geweckt, wie du von mir verlangtest.»

Sie sahen Lykos in den leichten, zweirädrigen Wagen steigen, zusammen mit einem erfahrenen Wagenlenker des Königshofes. Er ordnete die Zügel der vier Hengste, die – dicht nebeneinander angespannt – unruhig auf der Stelle traten. Und dann ließ er sie los.

«Sie werden uns nicht mitnehmen, wenn sie das Opfer bringen», bedauerte Endymion, «und ich kann auch nicht hoffen, dass es gelingt. Ich bin wütend auf Poseidon. Hätte er Boreas, den Nordwind, zurückgerufen, hätten die Athener landen können, niemals wäre Olynthos zerstört worden.»

Lykos, das merkte man bald, war ein begabter Wagenlenker. Es gelang ihm, den Lauf der Pferde zu verlangsamen, als sie sich der engen Kurve am Ende des Ovals näherten.

«Ich habe schon einen Zweispänner gefahren», sagte Endymion, «du sicher nie, oder?»

«Natürlich nicht.»

«Kannst du überhaupt reiten? Nein! Du kannst es nicht. Du hast noch nie auf einem Pferd gesessen?»

Phoebe nickte.

«Das musst du lernen. Bestimmt bringen sie uns im Herbst junge Pferde von Philipps Gestüten. Die müssen wir dann zureiten. Da wird man rechnen mit Thamyris, dem Sohn eines Thrakerfürsten.»

«Wie soll ich das lernen?», fragte Phoebe.

«Auf den Stuten. Wir nehmen ab morgen ein Zaumzeug mit auf die Weide, eine Trense ohne scharfe Ringe. Ich lasse dich den ganzen Tag reiten, immer auf einer anderen Stute. Du fängst mit Galateia an. Sie ist die liebste.»

Lykos näherte sich ihrem Baum. Vier Schimmelmähnen, dicht nebeneinander, schäumten an ihnen vorüber.

«Er ist gut», sagte Endymion, «hoffentlich springt er auch rechtzeitig ab. Komm. Ich will Kalais noch anschauen.»

Er wollte vom Baum springen, doch Phoebe hielt ihn. Gegenüber, am Eingang der Rennbahn, erschienen vier Reiter.

«Alexander und seine Freunde», stellte Endymion fest. «Sie machen ein Wettrennen. Er reitet Skyphios, natürlich, da wird er gewinnen. Wir brauchen nicht zuzuschauen.»

Aber Phoebe wollte bleiben.

Alexander gewann das Rennen. Von Anfang an bestand kein Zweifel daran. Nicht das war es, was Phoebe reglos in die Zweige des Ölbaums bannte. Er trug eine Chlamys, purpurrot mit goldenem Saum. Keiner durfte die rote Chlamys tragen als der König und sein Sohn. Er hatte, wie auch die anderen Jungen, die Schnalle nach vorn geschoben. Die Chlamys flatterte hinter ihren Rücken, purpurrot die des Alexander, weiß die von Hephaiston und Sereipion, hellblau die von Kleitos. Aber keiner ritt so wie der Königssohn. Die Knie fest am Leib des schwarzen Pferdes, hob er den Körper, weit vorgebeugt, über den Rücken des Hengstes, sein Kopf versank in der dunklen Mähne, die vorgestreckten Hände hielten die Zügel leicht. Man sah fast nichts von dem Jungen auf dem schwarzen Pferd. Nur die Chlamys stieg flatternd aus Widerrist und Schultern auf, purpurrote Flügel mit goldenem Rand.

«Pegasos», flüsterte Endymion. «Das geflügelte Pferd. Phoebe, kennst du wenigstens die Geschichte von Pegasos?»

Er sah nicht, dass sie nickte, denn auch er wandte keinen Blick von dem schwarzen Pferd.

Skyphios, der Pegasos, flog auf den Ölbaum zu. Die goldumrandeten, langen Zipfel der Chlamys zitterten flügelschlagend hoch über seinem Rücken. Alexander richtete sich auf, zog die Zügel an, Skyphios riss das Maul auf, die roten Flügel legten sich an seine Flanken, er stemmte die Hinterbeine in den Boden, Gras, Sand und Steine spritzten, er rutschte, wandte den Kopf beiseite, konnte dem scharfen Gebiss nicht entkommen, also stieg er. An den Hals des Pferdes gepresst erhob sich Alexanders Kopf bis zu Phoebe im Ölbaum. In seinem linken Auge sah sie wasserhell den Triumph über den Sieg, in dem rechten sehnsuchtsblau den brennenden Wunsch, das geflügelte Pferd über Gipfel und Wolken zu reiten.

Die blaue Chlamys von Kleitos erreichte als Nächstes den Ölbaum. Er war der Bruder von Alexanders Amme und wesentlich älter als die anderen Jungen.

Alexander zuckte bedauernd die Achseln.

«Ich hatte das schnellste Pferd», sagte er entschuldigend, «aber gewiss kannst du besser werfen.»

Sie sprangen ab, suchten zwei Steine, prüften ihr Gewicht, ihre Form und warfen. Kleitos konnte besser werfen. Alexander verzog keine Miene. Leonidas, sein strenger Lehrer, wählte für alle Kämpfe und Spiele die Gegner so, dass der Königssohn lernte, Niederlagen zu ertragen.

«Also laufen wir», sagte er. «Von wo?»

«Von jenem Busch», Kleitos zeigte zurück. «Und jeder zu seinem Stein.»

Da zuckte Alexander zusammen. «Nein!», sagte er leise.

«Erspar dir die Niederlage», sagte Kleitos. «Ich bin viel größer als du.»

«Zu deinem Stein! Wir beide! Ein Königssohn nimmt keine Vergünstigung an von dem Bruder seiner Amme.»

Auch Kleitos verzog keine Miene. Eine Kränkung konnte er ertragen. Eine. Nur eine.

«Auch deine Mutter war Amme», sagte Alexander. «Ich werde doch ein Kind, dessen Muttermilch andere tranken, im Wettlauf besiegen können.»

Die Augen fest auf den Stein gerichtet, ging er rückwärts zu dem Busch. Wahrscheinlich war dies das einzige Mal, dass er so etwas tat. Wahrscheinlich ist er danach nie wieder – die Augen auf sein Ziel gerichtet – rückwärts gegangen. Er stolperte über die langen, purpurnen Zipfel seiner Chlamys und fiel hin.

Kleitos lachte.

«Deine Beine sind zu kurz, Alexander», sagte er. «Du solltest noch keine Chlamys tragen.»

Alexander war schnell wieder auf den Beinen, den wirklich so kurzen Beinen, und riss das Messer aus dem Gürtel.

Er bringt ihn um, dachte Endymion. Was sollen wir tun? Er bringt ihn um.

Ja, Endymion, du hast Recht. Er wird ihn umbringen. Aber

jetzt noch nicht. Noch lange nicht. Erst wird Kleitos mit ihm nach Persien ziehen, wird in vielen Kämpfen neben ihm stehen, wird ihm in der Schlacht am Granikos das Leben retten, dann bei einem Festgelage wird Alexander, berauscht, betrunken, in einem Wutanfall den ewig spottenden Freund erstechen.

Jetzt tat er etwas anderes: Mit zwei schnellen Schnitten hatte er die beiden hinderlichen Zipfel seiner Chlamys abgetrennt. Purpurn und golden sanken die Flügelspitzen ins Gras.

«Bis zu deinem Stein!», bestimmte er, und er gewann den Wettlauf. Er keuchte nur wenig, als er zu den Pferden zurückging, und sprang auf Zetes. Den hatte Sereipion geritten, und der hatte das Rennen verloren.

«Willst du nicht wieder Skyphios reiten?», fragte Kleitos. Alexander schüttelte den Kopf.

«Es gewinnt nicht das Pferd, das du für das schnellste hältst. Es gewinnt das Pferd, das ich reite.»

Er wartete, bis sie alle aufgesessen waren, und dann jagten sie zurück. Vielleicht ritt er diesmal noch besser, machte sich noch leichter, war ein fest verwachsener Teil seines Pferdes, trieb es mit starkem Willen, denn er gewann auch auf dem langsamsten Pferd. Aber seiner flatternden Chlamys über den Schultern des braunen Hengstes fehlten die Flügelspitzen.

«Sieh nur», sagte Endymion, «die Welt will er erobern, in alle Fernen, alle Weiten will er ziehen und siegen – und was hat er getan? Er hat dem Pegasos die Flügel gestutzt.»

Er sprang vom Baum.

«Komm», rief er, «wir gehen zur Weide. Ich will schauen, ob Kalais weiße Haare kriegt.»

Er ging und drehte sich nicht um. Zu seinem Glück drehte er sich nicht um.

Phoebe glitt hinunter. Zitternd stand sie vor den leuchtenden Stofffetzen im Gras. Sie bückte sich, berührte sie vorsichtig. Feuerheiß war das Rot, glühend das Sonnengold. Rasch griff sie die abgeschnittenen Flügelspitzen und schob sie in den Halsausschnitt ihres Chitons. Wie heißes Öl rann es über ihre Brust. Am Gürtel auf ihrem Bauch blieben die Stofffetzen liegen. Da spürte sie sie nicht mehr. Da war es schon vorher so heiß gewesen. Seit Alexanders steigendes Pferd das sehnsuchtsblaue Auge vor ihr Gesicht gehoben hatte.

«Thessalische Flügel» nannte man jene lang herunterhängenden Zipfel der Chlamys, die Alexander abgetrennt hatte. «Makedonische Chlamys» hieß bald das Kleidungsstück, das übrig blieb. Im Herbst desselben Jahres, als die Weinernte eingebracht war und die Herbstfeste begannen, trug man in Makedonien die Chlamys fast nur noch auf diese Art, die auch kurze Beine nicht in Verlegenheit brachte, wenn sie mal ein paar Schritte rückwärts gingen. Niemand wusste, dass Phoebe die gestutzten Flügel von Alexanders Chlamys unter der Strohmatratze ihres Bettes verbarg. Auf den purpurroten, goldgesäumten Flügelspitzen schlief sie einen häufig unruhigen Schlaf und schaute oft hinüber zu Endymion, ruhend in Selenes Mondlicht. Kein Kummer schreckte ihn mehr aus seinem gottgeschenkten Schlaf, keine Phoebe, Selene, Mondgöttin beugte sich zu ihm und küsste ihn wach.

Lykos war rechtzeitig abgesprungen von dem Opferwagen, das Gespann war, wie vorgesehen, südlich von Olynthos von den Felsen der Halbinsel Sithonia ins Meer gestürzt. Pferde und Wellen hatten eine Weile miteinander gekämpft, bis die weißen Schaumkronen und die weißen Mähnen nicht mehr voneinander zu unterscheiden waren, nur die dunkle Mähne des nicht ganz weiß gefärbten Hengstes war noch eine Weile zu erkennen, vielleicht, weil sie sich dunkel abhob von den anderen, vielleicht weil er am längsten um sein junges Leben rang.

Phoebe und Endymion hatten nichts davon gesehen, auch Lykos nicht. Er lag verletzt, aber nicht lebensgefährdet auf dem Felsen. Er wurde gesund, doch er hinkte noch lange.

Phoebe lernte reiten in diesem Sommer. Zu tun hatten sie

wenig, Pferde genügend. Sie nahmen zwei Zaumzeuge mit hinaus. Endymion ritt immer dicht neben ihr. Erst hielt er ihre Zügel, später durfte sie ihr Pferd selber führen.

Im Herbst kam Philoneikes, ein Pferdezüchter aus Thessalien. Er verkaufte Philipp ein paar Jährlinge und wollte weiterziehen zu den Gestüten, um die berühmten skythischen Stuten anzuschauen, die Philipp vor ein paar Jahren erobert hatte. Der König lud ihn ein bis zum Herbstfest zu Ehren des Dionysos zu bleiben. Bei den Dionysosfeiern im Frühling waren es die Frauen, die berauscht durch die Wälder zogen, die Trinkgelage im Herbst nach der Weinernte zu Ehren des Weingottes waren Sache der Männer.

In der Dämmerung strömten sie durch das Hauptportal in den großen Innenhof des Königspalastes: die Heerführer des Königs, der Adel Makedoniens, Gesandte anderer Königshäuser und mächtiger Stadtstaaten, Priester, Philosophen, Gelehrte, Maler, Bildhauer, Dramatiker, Athleten, Sieger bei den Olympischen oder Isthmischen Spielen.

Oben von der Säulengalerie der Frauengemächer lehnten Fürstinnen sich weit über die marmorne Brüstung, Sklavinnen standen dahinter und reckten die Hälse, neugierig schauten sie auf die langen Bärte der Philosophen, die kurzen Ärmel der erfolgreichen Wagenlenker, den hellroten Chiton des Dionysospriesters.

Mitten unter ihnen starrten Kynana, des Königs erste Tochter, und Phila, des Königs zweite Frau, weit vorgebeugt zwischen den kleinen Säulen auf die ihnen verschlossene Männerwelt. Phila hatte keine Sandalen angezogen. Ihre zwei Paar Sandalen standen im Vorraum ihrer Gemächer, mehr als ihren frisch frisierten, gut geschminkten Kopf konnte sie von der Galerie nicht zeigen. Sie hatte sich Locken brennen und das Haar mit schmalen, bunt bestickten, fünffachen Bändern aufbinden lassen, darin zirpten an goldenen Fäden die Zikaden, aber die

Männer hörten sie nicht, sie lärmten. Sie hatte schwarze Farbe auf den Augenlidern, Bleiweiß auf den Wangen und biss mit weißgebleichten Zähnen auf die Lippen, damit das Blut in sie drang und sie roter machte. Sie trug goldene Ohrgehänge, die ihre Schulter kitzelten, eine Kette mit Smaragden, Reifen um die Oberarme, aber die bärtigen oder rasierten Männer, die sich lautstark unten im Innenhof begrüßten, sahen von all dem nicht mehr als von den goldenen Spangen um ihre Fesseln.

Und dann kam Olympias.

Sie ging die Treppe hinunter zum Innenhof und teilte die Männermasse wie ein Schiffsbug das Wasser. Rechts und links von ihr flossen Heerführer, Gesandte, Philosophen, Gelehrte, Künstler, Athleten beiseite und verstummten. Schon hörte man ihre Schritte metallen auf dem Kieselmosaik, denn sie trug grüne Sandalen mit Nägeln unter den Sohlen. Sobald sie auf Lehm ging oder Sand, würde sie ein Muster in den Boden drücken, das jedem, der ihr folgte, zu lesen gab: Hier ging Olympias, die Königin, niemand sonst. Sie trug einen apfelgrünen Chiton, einfach gegürtet, kein Diadem, keine Ohrringe, keine Halskette, keine Armreifen, keine Fußspangen, nicht einmal eine ihrer Schlangen ringelte sich um einen Ellenbogen.

Es war still. Außer Olympias' Schritt hörte man Philas Zikaden zirpen. Da sagte der Gesandte Athens:

«In meiner Stadt gibt es ein Gesetz, das befiehlt: Eine Frau, die ihren Mann betrügt, darf keinerlei Schmuck tragen. Gilt das in Makedonien auch?»

Wer sich traute, lachte. Es waren nicht viele. Philipp trat seiner Frau in den Weg. Sie blieb stehen. Die metallenen Stifte unter ihren Sohlen klangen nicht mehr auf den Kieseln. Philas Zikaden zirpten ohne Konkurrenz. Er schaute hinauf zu den Frauengemächern.

«Komm!», befahl er.

Zirpend, gold- und smaragdklingend, aber mit lautlosem

Schritt, denn ohne Sandalen, kam Phila die Treppe herunter. Verlegen lächelnd stand sie neben dem König, Phila die Artige, seine zweite Frau, die heimisch Brave in den Frauengemächern, die Kinderlose. Er nahm ihr die Smaragdkette ab und legte sie Olympias um.

Er hätte wissen müssen, was er tat. Seine Hände griffen sicher um Schwerter und Speere, hielten geschickt Zügel und Schilde. Der feine Mechanismus, mit dem die Verschlussringe einer Halskette ineinander griffen, war seinen Fingern nicht vertraut.

Er trat beiseite. Drei Schritte erklangen Olympias' metallene Stifte unter den Fußsohlen und dann – wie ein Kichern – ein selten gehörtes Geräusch: zarte, goldene Ringe, geschliffene Smaragde, die auf das Kieselmosaik fielen.

Wer es wagte, lachte. Diesmal waren es mehr. Vor allem Olympias. Lachend verließ die Königin den Säulenhof. Philipps Auge, das eine wasserhellblaue Auge, folgte ihr in kaltem Zorn. Dann zirpten Philas Zikaden wieder allein in der Stille.

«Geh!», befahl Philipp.

Niemand bückte sich nach der Halskette.

Phila, barfüßig still, zikadenzirpend, etwas weniger gold- und nicht mehr smaragdklingend, ging, setzte einen Fuß auf die Treppe und schrie. Auf allen Stufen züngelten Olympias' Schlangen. Oben am Treppenabsatz lachte Kleopatra, schwang den leeren Schlangenkorb und lief davon.

«So ist es wirklich wahr?», flüsterten fremde Gesandte. «Sie lebt mit diesen Schlangen, die Königin?»

«Sind sie giftig?»

Alexander kam aus seiner Kammer. Die Mutter nahm ihn mit auf ihr Dionysosfest, der Vater – war er der Vater? – nicht. Die Schlangen einsammelnd, stieg er die Treppe hinauf. Dann nickte er Phila freundlich zu.

Und Phila, die Artige, die Kinderlose, die niemand Königin nannte, floh in die Frauengemächer.

Der Trinkmeister

«Philoneikes ist Trinkmeister!»

Xanthos jubelte.

Weder Phoebe noch Endymion verstanden seine Freude.

«Er war es schon mal», erklärte Xanthos, «vor drei Jahren. Wenn Philoneikes Trinkmeister ist, wird viel Wein ausgegeben. Auch an uns.»

Am nördlichen Rand des Innenhofs, hinter einer Doppelreihe von Säulen, lag der große Speise- und Empfangssaal des makedonischen Königshofes. Philipp, der Sparsame, war hier nicht knausrig gewesen. Um einen solchen Saal ohne stützende Säulen zu überdecken, musste er die besten Architekten des Landes kommen lassen. An beiden Seiten öffneten sich, um eine Stufe erhöht, zwei kleinere Räume, in denen die Gäste trinken, speisen, plaudern, den Musikanten lauschen, den Tänzern zuschauen konnten.

Mitten im Hauptsaal standen die Krater, große, nach oben sich weit öffnende Tongefäße. Sie waren schwarzgrundig, rot waren Gestalten aufgemalt, Götter und Nymphen, Satyrn. Hinter den Kratern stand Philoneikes, der Pferdezüchter aus Thessalien, der Trinkmeister. Er überwachte, wie viel Wasser in den Wein gemischt wurde. Er bestimmte, wie rasch der gemischte Wein an die Gäste ausgegeben wurde.

«Ja», sagte Hämon, «Philoneikes ist Trinkmeister. Olympias hat den König vor der ganzen Festgesellschaft bloßgestellt. Nun wählt er einen Trinkmeister, der dafür sorgt, dass in zwei Stunden niemand mehr daran denkt, weil dann alle völlig betrunken sind. Haltet ihr euch zurück. Es ist noch allerlei Arbeit im Stall. Ihr müsst die Pferde des Thessaliers mitversorgen.»

Die Gäste lagen auf den Speisesofas, aßen, plauderten und tranken aus flachen Schalen den mit Wasser gemischten Wein.

Während Philoneikes aus dem ersten Krater ausschenkte, sprachen die Gesandten über Politik, tauschten die Philosophen ihre Lebensweisheiten aus und die Gelehrten wissenschaftliche Erkenntnisse.

Als zwei Sklaven den zweiten Krater kippten und der Thessalier den letzten Wein herausschöpfte, lauschten sie den Flötenspielerinnen und sahen den Tänzerinnen zu, nach drei Kratern gingen jene Gäste, die an einem Besäufnis nicht teilnehmen wollten. Als der vierte Krater geleert war, prahlten die Athleten mit ihren Erfolgen und die Heerführer mit ihren Siegen, und nach dem fünften schrie man nach dem Kottabos.

«Den Kottabos!», brüllte Lysippos, der Bildhauer. «Bringt den Kottabos. Ich will wissen, ob Eurydike mich liebt!»

Der Kottabos war ein Geschicklichkeitsspiel. Sklaven brachten ein großes, mit Wasser gefülltes Gefäß und stellten es in den Kreis der Speisesofas. Auf dem Wasser schwammen kleine Schälchen. Es war Aufgabe der Männer, einen Weinrest aus ihrer Trinkschale so in das Gefäß zu schleudern, dass ein Schälchen versenkt wurde. Gelang das und riefen sie dabei den Namen einer geliebten Person, so durften sie auf Gegenliebe hoffen.

Lysippos, der Bildhauer, hatte nur noch wenig Wein in seiner Trinkschale, zu viel hatte er getrunken, sein Oberkörper schwankte, als er sich auf dem Sofa aufrichtete und den Weinrest in den Kottabos schleuderte.

«Eurydike!», rief er.

Der Weinstrahl klatschte ins Wasser. Die Schälchen zitterten, keines versank.

Lysippos hielt den Sklaven die leere Weinschale hin und zog es vor, den Wein zu trinken.

«Wer ist Eurydike?», fragte man.

«Ach, nur seine neue Statue.»

«Wünscht er, dass sie lebendig wird?»

«Sie wird eine Statue bleiben.»

«Recht so. Bildhauer sollen Statuen lieben!»

Der König stützte sich auf den linken Arm. In der rechten Hand hielt er die Trinkschale. Die war noch fast voll.

«Das gilt nicht, Herr», sagte Philoneikes. «Mit so viel Wein wirst du zwei, wirst du drei Schälchen versenken.»

Philipp trank den Wein bis auf einen kleinen Rest.

«Welchen Namen wird er rufen?», flüsterten die Gäste. «Olympias?»

«Die ihn öffentlich verspottet hat?»

«Um zu beweisen, dass sie ihn liebt?»

Philipp bewegte den letzten Rest Wein in der Trinkschale und warf ihn in das Wasserbecken.

«Nicesipolis», rief er.

Die Schälchen schwankten. Eines neigte sich, füllte sich mit Wasser, sank.

«Was hat er gesagt?», fragte man.

«Wer ist Nicesipolis?»

«Eine Thessalierin.»

«Hat Philoneikes nicht nur Pferde gebracht?»

«Er kann so viele Frauen haben, wie er will.»

Als Philoneikes aus dem sechsten Krater schöpfte, brachten Sklaven Schweinehäute. Die waren zusammengenäht, die Nähte abgedichtet und mit Wein gefüllt.

Im Innenhof wurden sie auf die Kieselmosaike gelegt und mit Öl übergossen.

«Oh», sagte Xanthos, «so einen gewinn ich mir.»

Wer auf der glitschigen, schwabbeligen, mit Wein gefüllten Schweinehaut stehen konnte, bis die Männer bis fünfzehn gezählt hatten, durfte den Wein behalten.

Die Männer umstanden den Innenhof, hielten sich aneinander oder an den Säulen.

Phoebe sah nicht nur die Männer, sondern auch die Säulen schwanken und bemerkte, dass sie wohl reichlich Wein getrunken hatte. Es war fast dunkel. Das Abendrot war im Innenhof nicht zu sehen. Sklaven stellten Laternen auf.

Xanthos gewann keinen Weinschlauch. Zwei Küchenjungen schafften es, Endymion wollte es nicht versuchen, Phoebe zuckte es in den bloßen Füßen: War das denn wirklich so schwer?

«Acht, neun …» zählten die Männer, da stürzte einer der thessalischen Pferdejungen. Sein Schweinebalg rutschte über das Achillesmosaik, über Meeresnymphen und Fabeltiere genau vor Phoebes Füße. Sie lenkte ihn etwas in die Mitte, schaute sich um, Philoneikes nickte ihr zu, sie stieg auf die ölige Haut.

«Eins, zwei, drei …»

Das war wirklich schwer. «… vier, fünf …»

Sie ruderte mit den Armen. «… sechs, sieben …»

Das nützte nichts. Sie würde stürzen.

«… acht …»

Da fiel sie. Steif und verkrampft fiel sie hintenüber. Der Weinschlauch glitt auf den Brunnen zu. Durch das Lachen der Männer hörte sie, wie ihr Rücken hart aufprallte und noch ein anderes, fremdes Geräusch. Sie schloss die Augen vor Schmerz und rang nach Luft.

«Steh auf! Rasch!», flüsterte Endymion dicht neben ihrem Ohr. Sie blinzelte. Im Schein einer Laterne hoch über ihr schwebte Xanthos' verblüfftes Gesicht.

«Du – du – », stammelte er, «du bist ja ein Mädchen.»

Da erkannte sie das fremde Geräusch: Die thrakischen Hosen waren geplatzt.

«Du – », schrie Xanthos und schwenkte die Laterne, «die – schaut nur die –»

Hämon trat hinter ihn, legte ihm die Hand auf den Mund und nahm ihm die Laterne weg.

«Wenn du es verrätst», fuhr er ihn an, «gebe ich dir Harpyie. Die beißt und schlägt dir alle Knochen blau. Du hast Angst vor ihr, ich weiß es.»

Er gab Endymion die Laterne, hob Phoebe behutsam vom Boden auf und trug sie hinüber zu den Stallungen. Sie drückte den Kopf an seine Brust und weinte. Endymion lief neben ihnen her.

«Du hast es gewusst?», fragte er.

«Schon lange», Hämon nickte. «So was merkt man. Wenn man nicht gerade so dumm ist wie Xanthos. Lykos weiß es auch. Wein nicht, mein Kind, Thamyris, ich werde nicht fragen, wie du heißt. Ein wenig kannst du noch bleiben. Ich habe ein Paar skythische Hosen, größer als diese, erbeutet, damals, als wir den Skythen die Stuten raubten. Ich bringe dir skythische Hosen. Die sind aber bunt. Du wirst dich daran gewöhnen müssen. Nun, du warst so wenig ein Thraker, wie du jemals ein Skythe sein wirst.»

Er trug sie in die Kammer der Pferdejungen und ging auf ihr Lager zu.

«Ein Jahr noch, vielleicht zwei. Dann nützen dir die skythischen Hosen auch nichts mehr. Dann kannst du nicht mehr verbergen, dass du eine Frau wirst. Was hast du vor?»

«Wir werden heiraten», sagte Endymion.

Phoebe zuckte zusammen, als Hämon sie auf ihr Bett legte.

«Tut dir der Rücken weh?», fragte er.

Sie nickte. Der Rücken schmerzte, aber nicht von dem Sturz. Sie hatte das Gefühl, dass die thessalischen Flügel von Alexanders Chlamys, purpurrot und goldgesäumt, ihr in den Rücken stachen, gerade als Endymion sagte: «Wir werden heiraten.»

«Wie wollt ihr leben?», fragte Hämon.

«Mein Vater hatte mächtige Freunde in Athen», erzählte Endymion. «Wir haben da auch ein Haus und Schiffe. Ich bin der einzige Erbe. Ich bin reich.»

«Das nützt dir nichts, du bist ein Sklave. Thamyris ist arm, vermute ich, aber frei. Du kannst nicht einfach nach Athen gehen.»

«Die Freunde meines Vaters müssen mich freikaufen.»

«Glaubst du, sie wollen das? Sie werden die Schiffe deines Vaters auch gern für sich fahren lassen. Und wie willst du nachweisen, dass du der Sohn deines Vaters bist?»

Endymion zuckte die Achseln.

«Wenn Philipp dich freiließe», überlegte Hämon, «und du einfach dort auftauchtest … Die Athener würden den Fall untersuchen. Sie sind gerecht. Wenn Philipp dich freiließe …»

«Ja – wenn …», sagte Endymion.

«Schlaft nun», sagte Hämon. «Morgen, Mädchen, bringe ich dir die skythischen Hosen.»

Er ging.

Endymion saß eine Weile schweigend auf seinem Bett.

«Oh», sagte er plötzlich, «nun haben wir doch vergessen, die Pferde zu füttern. Kannst du aufstehen mit dem Rücken? Hilfst du mir?»

Sie hatten allen Pferden, den Hengsten, den Stuten, auch den thessalischen Jährlingen ihre Portion Gerste in den Futtertrog geschüttet und wollten gehen, da sahen sie zwei Männer mit Laterne vom großen Innenhof kommen. Sie gingen auf den Stutenstall zu.

«Philoneikes und sein Pferdemeister», flüsterte Endymion. «Hoffentlich sind sie nicht so besoffen und setzen mit ihrer Laterne den ganzen Stall in Brand.»

Aber Philoneikes, das erkannten sie bald, war überhaupt nicht betrunken.

«Was will er da?», fragte Phoebe.

Vorsichtig schlichen sie den Männern nach.

Da Phoebe und Endymion den Stuten vertraut waren, schreckte keine auf, als sie in den Stall huschten. Sie hielten sich im Dunkel. Die Laterne der Männer warf nur einen kleinen Lichtkreis.

«Die eine ist schwarz», hörten sie Philoneikes sagen, «und hat verfohlt. Soll auch bissig sein. Die andere will ich, den Lichtfuchs.»

Phoebe und Endymion stießen sich an. Um die beiden skythischen Stuten ging es.

«Diese», sagte der Thessalier, «ja – und das ist das Fohlen.»

Neugierig und vertrauensvoll beschnupperte Bukephalos die Fremden.

«Auffallend lange Beine», sagte der Pferdemeister, «und kurz im Rücken wie die persischen und arabischen Pferde.»

«Aber es hat nicht so eine gerade Kruppe», sagte Philoneikes, «und die Hinterbeine bilden gute Winkel. Der kann mehr als vorwärts rennen. Der kann stehen bleiben aus dem vollen Galopp. Der kann sein ganzes Gewicht mit den Hinterbeinen tragen, steigen und sich auf der Hinterhand drehen.»

Phoebe legte eine Hand auf Endymions Arm. Ja, das alles konnte der kleine Hengst.

Sie hatten es gesehen.

«Und sie nennen ihn Ochsenkopf», kicherte der Pferdemeister. «Da siehst du, dass Philipp nichts von Pferden versteht.»

«Von Pferden schon», widersprach Philoneikes, «aber nichts von Pferdezucht. Die Skythen sagen: Die Stirn deines Pferdes sei so breit, dass des Nachts das Mondlicht mit den Sternen darauf tanzen kann. Dieses Pferd ist nicht nur geschickt, sondern auch klug. Schau dir die Augen an.»

«Willst du ihn jetzt kaufen?»

«Nein, er saugt noch. Und Philipp könnte misstrauisch werden, wenn ich nun unbedingt dieses Pferd haben will. Ich sage ihm, ich komme im Frühjahr, um Jährlinge zu kaufen. Fohlen sind am hässlichsten, wenn sie ein Jahr alt sind. Da passt meist nichts zusammen. Ich glaube, bis dahin wird niemand merken, was das für ein Pferd ist.»

Die Männer gingen. Bukephalos lief ihnen nach bis zur Stalltür.

«Oh», sagte Phoebe, «ach, Endymion …»

«Eines ist gut», sagte Endymion, «der böse Geist mit den kurzen Beinen kriegt dieses Pferd nicht.»

«Nein», flüsterte sie, «komm.»

Als sie die Stalltür öffneten, drängte Bukephalos ihnen nach. Er streckte seinen neugierigen Kopf ins Nachtlicht des Pferdehofes. Auf seiner Stirn tanzte das Mondlicht mit den Sternen.

Abschiedslied

Viel geschah nicht in den Monaten zwischen Philoneikes' Besuch beim Herbstfest und seiner Rückkehr im Mai, als er für 30 Minen, das war nicht mehr als ein halbes Talent, den Bukephalos kaufte.

Phoebe gewöhnte sich nur schlecht an die skythischen Hosen. Die waren gelb, hellgelb, und es war ein zackiges, schwarzes Muster eingewebt. Wie eine Schlange sah das aus. Und die Hosenbeine waren eng, viel enger als die thrakischen, dabei so gut geschnitten, dass sie ungehindert auf jedes Pferd springen konnte.

Nicesipolis, die junge thessalische Geliebte des Königs, wurde Olympias vor die Füße geworfen. Sie sei eine Hexe, war sie angeklagt, und habe den König verhext. Olympias blickte kurz auf das schöne Mädchen.

«Ihr seid ja närrisch», sagte sie. «Wer so schön ist, braucht keine Hexenkünste, um einen König zu verführen, zumal, wenn er nur ein Auge hat, das es zu betören gilt.»

Alexander gehorchte dem Vater, verehrte die Mutter und wuchs nur wenig in jenem Winter.

Schneller wuchsen Endymion die Beine, so schnell, dass Lysippos, der Bildhauer, ihm begehrlich nachschaute. Den hätte er gern einmal in Bronze gegossen.

Bukephalos spielte, kämpfte, tanzte mit seinem Wintersonnenschatten, Kalais hatte auch nach dem Fellwechsel im Frühjahr noch immer keine weißen Haare – da riss der Frühlingssturm an den langen Flügeln einer dunkelgrünen, thessalisch getragenen Chlamys – Philoneikes, der Pferdehändler, war wieder da.

Jährlinge wollte er kaufen.

«Er hat es nicht vergessen –», flüsterte Phoebe.

Philipp war geschmeichelt: der größte Pferdezüchter aus Griechenlands berühmtestem Pferdezuchtgebiet.

«Ich gehe zu Hämon und erzähle ihm alles...», flüsterte Phoebe.

Philoneikes, der Thessalier, wollte Jährlinge kaufen beim König von Madekonien.

«Was willst du erzählen?», fragte Endymion.

«Das Gespräch, das wir belauscht haben. Sonst merkt ja niemand, was Bukephalos für ein Pferd ist.»

«Wenn du ihn liebst, lässt du das bleiben. Irgendwann merken sie, was für ein Pferd das ist. Und dann kriegt ihn der kleine, böse Geist mit den kurzen Beinen. Weißt du nicht, was der vorhat? Die Welt will er erobern, hat er gesagt – und glaub mir, der tut das. Mit einem weißen Flügelhelm will er in die Schlacht reiten, damit der Feind ihn sieht, und glaub mir, der tut das. Der wird mehr als ein Pferd in den Tod reiten ...»

Philoneikes kaufte Samphoras, Auras fuchsfarbenen Sohn, Hippothoe, die schwarze, kleine, flinke Tochter der Hippolyta, und Bukephalos.

«...obwohl er ja hässlich ist, aber weil er skythisches Blut führt ...»

Am Morgen der Abreise spielte Phoebe für ihn das Abschiedslied. Sie lehnte mit dem Rücken an dem hellen Stamm einer Birke und blies ein paar Töne auf der Syrinx. Vom äußersten Ende der Hengstfohlenweide stürmte Bukephalos heran, scheute vor seinem Frühlingssonnenschatten, gab es auf, ihm entkommen zu wollen, hob sich leicht auf die Hinterbeine, den Kopf im Maiengrün der Birke, die reifen Birkenzäpfchen malten gelbe Pollenstriche auf seine breite Stirn.

Aber Phoebes Lied wurde trauriger, je anmutiger der junge Hengst mit seinem Schatten tanzte, bis Bukephalos unwillig stehen blieb. Was sollte er tun mit diesen Tönen? Ihm fiel kein Tanz dazu ein. Wenn Phoebe nur seufzte in die Röhren der Syrinx, tropften die Töne wie Tränen aus der Flöte. So abgrundtief traurig konnte ein mutwilliges Hengstfohlen die Füße nicht heben. Er drückte seine weiche, feste, fordernde Nase in Phoebes tränennasses Gesicht, aber sie spielte nicht weiter – so kurz, Bukephalos, ist ein Abschiedslied, aber du weißt ja noch nicht, was Abschied ist.

Still steht das Pferd, reglos sein Schatten, stumm hängt die Flöte in einer hilflosen Hand, die nicht festhalten darf, was sie behalten möchte, die loslassen muss, die nur noch einmal streicheln darf, sachte über das schwarze Fell, und Tränen wischen muss aus dem Gesicht.

«Was», schluchzte Phoebe, «soll ich denn den Schwalben sagen? Die ersten sind ja schon da. ‹Wo sind die kleinen, runden Hufe›, werden sie fragen, ‹mit denen wir im letzten Jahr spielten? Die so jäh und rasch hochfliegen konnten, auf und davon, in vier Himmelsrichtungen zugleich!› Und was soll ich der Sonne sagen, der Frühlingssonne nun, der Sommersonne dann, wenn ihr schönster Schatten fehlt, und, oh, was soll ich dem Mondlicht sagen, dem Mondlicht, Bukephalos, wenn es kommt und –»

Aber vor dem Mondlicht kam Philoneikes.

Samphoras und Hippothoe rissen an ihren Halftern, schrien nach ihren Freunden, Bukephalos jedoch wieherte fohlenhell, trabte mit hohem Kopf am Halfterstrick neben Philoneikes' Pferd. Angst hatte er nicht, und was ein Abschied war, wusste er noch nicht.

Den Tag über weinte Phoebe nicht mehr.

«Siehst du, Endymion, wie tief die Schwalben fliegen?», fragte sie.

«Ja», sagte er, «das Wetter ändert sich.»

«Sie suchen Bukephalos' Hufe», sagte sie, «sie wollen Schwalben sein unter Bukephalos' Hufen.»

«Es ziehen Wolken vor die Sonne», sagte er, «das Wetter ändert sich.»

«Das muss es auch.» Sie nickte. «Glaubst du, die Sonne bleibt hier bei uns? Sie will da sein, wo sie Bukephalos' Schatten wirft.»

Phoebe ertrug die Schwalben und die Sonne. In der Nacht aber fiel die Traurigkeit über sie her, als das Mondlicht über die Wiese irrte und die Stirn nicht fand, auf der es tanzen wollte mit den Sternen.

Da weinte sie, Phoebe, Selene, die Mondgöttin, und weckte Endymion, den Schläfer, mit ihren Tränen. Er kam zu ihr, trocknete ihre Tränen, erst mit dem Himation, dann, als das nichts half, weil immer wieder welche nachflossen, mit seinen glatten, langen, aschblonden, nicht mehr hell gesäumten Haaren. Er erzählte ihr von Thessaliens herrlichen Weiden und dem schönen Leben eines Zuchthengstes dort.

«… und wir müssen lernen, ohne ihn zu sein», sagte er, «du und ich, die Schwalben, die Frühlingssonne nun, die Sommersonne später, und auch dein Licht, Phoebe, Selene, meine Mondgöttin, wird wieder eine Stirn finden, auf der es tanzen kann mit den Sternen.»

Der Flötentausch

Ein Abschiedslied.

Als Phoebe es für Bukephalos spielte, ahnte Endymion nicht, dass der Abschied auch ihm galt. Lange, lange Zeit würde sie auch für ihn nicht mehr spielen. Aber er war ja selber schuld daran. Warum auch musste er ihr erzählen, wie Athena die Flöte erfand, aber niemals spielte. Er erzählte ihr viele Geschichten, als Bukephalos fort war, und das war ihr lieb, aber er hätte nicht diese erzählen dürfen.

«Weißt du Phoebe, Selene, Mondgöttin, weißt du eigentlich, dass es Athena war, die die Flöte erfand?»

... die Flöte erfand? Nein, Phoebe wusste nichts davon, dass jemals irgendjemand die Flöte erfunden hatte. Und sie konnte das auch nicht glauben. So musste es doch davor eine Zeit ohne Flöte gegeben haben? War es nicht umgekehrt gewesen? War nicht zuerst, zuallererst die Flöte dagewesen, und Zephir, der Westwind, der den Frühling brachte, hatte sie gespielt? Da tanzten die Steine, und weil sie zum Tanzen zu plump waren, verwandelten sie sich in Blumen, und weil die Blumen festgewachsen waren an der Erde, verwandelten sie sich in Schwalben und schlüpften unter die Hufe des Bukephalos und flogen auf mit hellem Fohlenwiehern, flogen hoch und auf und davon, in alle vier Himmelsrichtungen zugleich, flogen auf und davon, waren auf und davon, ach, Bukephelos ...

«Athena schnitt sich ein Rohr aus Schilf, blies hinein und erfand die Flöte. Aber sie spielt sie nicht, denn die Götter lachten sie aus, als sie sahen, wie sie die Backen aufblies und pustete. So komisch sah das aus ...»

Das erzählte er Phoebe, Selene, seiner Mondgöttin, und

natürlich beschloss sie, nie wieder vor seinen Augen zu spielen, nicht vor den goldbraunen Augen des Endymion und nicht – auch nicht – vor den blauen, den hell- und dunkelblauen Alexanders.

Aber spielen musste sie. Wenn nicht für Bukephalos oder Endymion, dann ungesehen, ungehört. So lief sie eines Tages den Axios entlang zum Meer und ließ Endymion allein auf den Fohlen- und Stutenweiden. Es war gegen Mittag, die Sonne stand hoch, Bukephalos, wo immer er jetzt war, würde sich ärgern und toben, weil er auch dem kurzbeinigen Schatten nicht entkommen konnte, und keine Flöte war da, ihn zu beruhigen.

Phoebe erreichte das Delta des Axios. Das Wasser stand hoch, war glatt und still, trat über die Ufer, durchtränkte die sumpfigen Wiesen, und träge floss es dem Meerbusen von Therma zu. Dichtes Gestrüpp, volle Gehölze, niedrige, laubreiche Bäume, meist Eschen und Weiden, wuchsen bis zum Uferrand.

Sie suchte sich ein trockenes Weidengebüsch, in dem sie sich und die Flöte und das Schlangenmuster der skythischen Hosen vor allen Blicken verbergen konnte. Die Vögel, die Fische, die Rehe, die Hasen sollten sie hören, aber niemals wieder sollte jemand sehen, wie sie spielte. So streckte sie die bunten Beine ins dichte Laub. Grün war das Licht in der Weide, grün der Blick nach links auf den schmalen, trockenen Pfad zwischen Bäumen und Büschen, rechts sah sie auf den Meerbusen von Therma. Grünlich floss das Wasser unter den Bäumen am Ufer, blau wurde es in der Ferne zum offenen Meer.

Bevor sie die Flöte ansetzte, störte sie ein unerwartetes Geräusch: Hufschlag, der näher kam. Ein Reiter hielt an, sehen konnte sie ihn nicht, verborgen von dichtem Laub, band er sein Pferd an einen trockenen Platz. Und dann wehte die königliche Chlamys an ihrem Gebüsch vorbei, purpurrot, goldgesäumt, kurz, mit gestutzten Flügeln, wie man sie nun in Makedonien trug, die langen thessalischen Flügel hatte sie nicht mehr gesehen, seit Philoneikes davongeritten war.

Ihr erster Schreck war ein froher, weil jetzt – so dachte sie – wieder zusammengefügt werden konnte, was Alexander damals auf der Rennbahn getrennt hatte.

Ich geb sie dir wieder, dachte sie, die rotgoldenen Flügelspitzen, die ich so lange schon unter meiner Matratze verberge. Wir nähen sie wieder an. Ich schlafe unruhig, so unruhig darauf.

Aber sogleich musste sie erkennen, dass sie niemals würde zurückgeben können, was sie heimlich genommen hatte. Der goldene Saum lief rings um die Chlamys des Königssohnes, da war keine Stelle, an der etwas fehlte, längst webten die makedonischen Weberinnen ihre bunten Säume schräg über die Flügelkante.

Nur oben im Königspalast, in der Kammer der Pferdejungen, unter einer Strohmatratze, lagen ungesäumt, mit offenen Wunden die abgetrennten Flügelspitzen, und je mehr sich Phoebe in unruhigem Schlaf darüber drehte und wälzte, desto mehr lösten sich die Purpurfäden, rote Fransen, wie blutige Rinnsale, wirklich – Phoebe – darauf schläft es sich schlecht.

Und niemals, dachte sie, werde ich sie ihm zurückgeben können, werde ich die wunden, wehen Kanten wieder anheilen können, weil sie da, wo sie hingehören, gar nicht mehr fehlen.

Alexander stand am Ufer, kehrte ihr den Rücken zu, unruhig flatterte sein roter Umhang, obwohl kein Wind ging, still waren Luft und Wasser, er aber warf Zweige ins Wasser, Steine, Erde …

«Thetis», rief er, «Thetis! So komm doch! Du musst mich doch kennen. Thetis, so komm doch und hilf.»

Hilfe? Er rief um Hilfe? Alexander, der alles schneller lernte, besser konnte?

Er richtete sich auf, schaute hinaus auf das offene Meer. Dort sprangen ein paar Delphine. Dann griff er nach etwas, das er an den Baum gelehnt hatte. Es war eine Flöte, eine Panflöte.

Phoebe begriff, was er vorhatte. Thetis und ihre Schwestern, das wusste sie, spielten gern mit Delphinen. Delphine aber lockt man mit Musik. Schon aus weiter Entfernung können sie Musik hören, und häufig folgen sie dem Klang. Alexander spielte vorzüglich, aber Phoebe wusste, dass sie es besser konnte. Er erreichte auch nichts. Die Delphine sprangen und tummelten sich im weiten Meer. Enttäuscht ließ er die Flöte sinken.

Da spielte Phoebe.

Er drehte sich langsam zu ihr um. Er würde nicht auf sie zukommen, das wusste sie. Es war um die Mittagszeit, da musste er sie für Pan halten, und wer dem Hirtengott zu nahe kam, den fasste der panische Schrecken, das Schaudern, das Entsetzen. Alexander, der Tollkühne, der Wagemutige, musste nur eines fürchten: dass ihn der Schrecken packen, die Angst anfallen könnte.

Er war ihr so nah, dass sie seine Augen sehen konnte, und während sie all das spielte, was sie für Bukephalos gespielt hatte, erkannte sie, warum er um Hilfe rief: Diese Augen – diese schrecklich ungleichen Augen, das dunkle, das immer träumen wollte und in die weiteste Ferne schaute, das helle, das auf alles Naheliegende blickte und handeln wollte –, sie kämpften gegeneinander in seinem Gesicht.

Beinahe hätte Phoebe geschrien vor Schreck, aber sie musste spielen, weiterspielen, schon schaute sie hinaus auf das Meer. Würden sie kommen, die Delphine? Würden sie Thetis mitbringen? Würde die fröhliche Meeresnymphe die schwere Aufgabe annehmen und den Königssohn von einem seiner Augen befreien? Würde sie es ihm zudrücken mit kühlen, feuchten Fingern? Würde das weh tun? Würde er schreien? Und welches Auge würde sie ihm nehmen, welches ihm lassen? Das Schicksal der Welt hing davon ab.

Lass ihm das helle!, dachte Phoebe, das wasserhelle, kühle, und wir wissen, was geschehen wird. Er wird sein wie Philipp: klug, berechnend, vorsichtig, abwägend.

Und wenn sie ihm das andere ließe? Das dunkle, sehnsuchtsblaue? Fortgehen würde er in alle Fernen. Aber nicht herrschen, nicht erobern müssen, wohin er ging.

Sie kam aber nicht, Thetis, die Meeresnymphe, und erlöste ihn von einem seiner Augen. Beide behielt er, und: Die Sehnsucht trieb ihn!, schrieben später alle, die über sein Leben berichteten. Wie ein Feuersturm wird er nach Osten brausen, Persien erobern, Indien, rastlos, unstet von Sieg zu Sieg. Fern in Indien wird ihm sein Pferd sterben, dein Bukephalos, Phoebe, noch ist er mehr deiner als seiner, eine Stadt wird er gründen auf dem Grab seines Pferdes, Bukephala wird sie heißen, jahrhundertelang, und bald danach wird er selber sterben, an einem Fieber, die Ärzte sind ratlos, was ist das für ein Fieber? Ist es das Feuer, das in ihm brannte, das ihn verbrannte und Tausende andere, die durch ihn starben, die für ihn starben. Halt dich fern von ihm, Phoebe, Selene, Mondgöttin, es ist ein Unglück, dass es ihn gibt, er weiß das auch schon, er weiß so viel mehr, als ihm bewusst ist –

Die Delphine!

Mit einem Jubelschrei endet Phoebes verzweifeltes Flötenspiel. In der Bucht von Therma spielen die Delphine.

Aber sie kommen nicht näher.

Alexander springt den schmalen Pfad entlang, bindet sein Pferd los, kurz sieht sie ein schwarzes Pferd, eine rote Chlamys, goldgesäumt.

Er reitet den Delphinen entgegen. Haben sie Thetis mitgebracht?

Phoebe geht zu der Stelle, wo Alexander gestanden hat. Da liegt seine Flöte.

Lass sie liegen, Phoebe, Selene, Mondgöttin. Du weißt doch,

was du dir angetan hast, als du die abgeschnittenen Flügel seiner Chlamys nahmst. Wie willst du spielen auf einer Flöte, die seine Lippen berührt haben? Du verbrennst dich daran. Lass!

Phoebe bückt sich rasch und vertauscht die Flöten. Dann rennt sie davon.

Phoebe kauft ein

Dass man die Wahrheit sagen kann und dabei lügt, hatte Phoebe noch nicht gewusst.

«Spielst du mir etwas vor?», fragte Endymion.

Sie hatten die Stuten, die Fohlen, die Jährlinge angeschaut – Kalais wuchsen noch immer keine weißen Haare – und hatten nun Zeit.

«Ich spiele nicht mehr», sagte Phoebe mürrisch. «Glaubst du, ich stell mich hierher mit aufgeblasenen Backen und puste in die Flöte – nein!»

«Aber das ist nur, wenn man den Aulos spielt. Bei der Panflöte sieht das anders aus, und ich höre die Panflöte ohnehin lieber.»

«Ich habe meine Panflöte nicht mehr», sagte Phoebe, «ich habe sie im Wald an einen Baum gestellt. Da hat sie jetzt vielleicht ein Satyr geholt, der so hässlich ist, dass ihn das Flötenspielen nicht entstellt.»

Das alles stimmte, und doch war es gelogen. In ihrer Truhe oben in der Kammer der Pferdejungen lag die schönste aller Panflöten. Sie war größer als ihre, dennoch leichter, auch besser zu halten, denn die einzelnen Röhren waren so aneinander gesetzt, dass sie einen sachten Bogen bildeten. Wahrscheinlich waren auch die Töne leicht und sanft geschwungen, aber Phoebe konnte nicht darauf spielen. Die Flöte brannte ihr in den Händen und versengte ihr die Lippen.

Mürrisch verkroch Phoebe sich in ein Weidengebüsch. Sie zog die schwarzgelben Beine hierhin, streckte sie dorthin, wie lang die geworden waren, sie konnte sie nicht verbergen vor den eigenen Augen, es sah aus, als kröchen zwei Schlangen durch das Gezweig. Sie fing an, die skythischen Hosen zu hassen.

Manchmal träumte sie, der untere Teil ihres Körpers sei in zwei Schlangen verwandelt worden, die waren ihr fremd und fern. Zu Phoebe gehörte der Kopf mit den Augen, die so leicht weinten, wenn sie an Bukephalos dachte, zu Phoebe gehörte das Herz in der Brust, das sich so schmerzhaft zusammenzog, wenn Endymion bat: «Spielst du mir etwas vor?» Zu Phoebe gehörte der Bauch, auf dem einmal flammend heiß die gestutzten Flügel einer purpurnen Chlamys gelegen hatten – und da hörte Phoebe auf. Den Rest von ihr hatten zwei skythische Schlangen erobert, die wanden sich durch den Tag und zogen sie hinter sich her. Sie starrte feindselig auf die beiden Schlangen im Weidengestrüpp.

Ihr kommt weg, dachte sie, ich bringe euch um. Ich nehme euch auseinander und kaufe ein Stück einfarbigen Stoff, und den schneide ich so, wie ihr geschnitten seid, und ich nähe mir wieder thrakische Hosen. Ich kann das kaufen, ich hab ja Geld.

Schon am nächsten Morgen ging sie hinunter nach Pella, Phoebe, Selene, die Mondgöttin mit den Schlangenbeinen, mit ihrem Himation über den Schultern, damit man nicht so viel von den skythischen Hosen sah, mit einem Beutel um den Hals voller Münzen und mit der Absicht, Stoff zu kaufen, um wieder der Sohn eines Thrakerfürsten zu werden.

Es war Markttag. Am Rande der Agora übten ein paar Artisten. Ein Junge jonglierte mit fünf Bällen, verlor einen, er rollte Phoebe vor die Füße. Sie hob ihn auf, wollte ihn zurückwerfen, aber das schwere, weiche, runde Leder lag so angenehm in ihrer Hand, dass sie es nicht mehr hergeben wollte. Mit Kleie war der Ball gefüllt, fest, aber nicht zu prall, sie konnte mit dem Finger kleine Dellen hineindrücken. Nun verstand sie, warum der Ball eine Liebesgabe war. Verliebte schenkten einander Bälle, tauschten sie aus.

«Gib», sagte der Junge aus der Artistengruppe.

Seufzend trennte sie sich von dem Ball.

Es war laut. Lärmend priesen die Händler ihre Waren an: Leder aus Kyrene, Weihrauch aus Syrien, Elfenbein aus Libyen, Teppiche und Kissen aus Karthago – offenbar war ein Schiff von der Nordküste Afrikas eingetroffen. Irgendwo musste es auch Stoffe geben. Rechts neben ihr duftete ein Blumenstand: Lilien, Veilchen, Levkojen, Hyazinthen, Narzissen. Ein paar Schritte weiter roch es ganz anders, dort fütterte ein Mann seinen Kampfhahn mit Knoblauch und Zwiebeln, damit er wilder und mutiger kämpfte. Sie ging durch Datteln, Feigen, Granatäpfel, Schafskäse, Ziegenkäse, Honig, Nüsse, lange Brote, runde Brote, Kuchen in Kränzen, Ringen, geschichteten Türmen, weiße Leinenstoffe, gefärbte Wollstoffe – alle Farben, Phoebes Augen wanderten im Grün: lauchgrün, froschgrün, olivgrün, apfelgrün. Oder dort heliotropblau, saffiangelb – aber niemals so abscheulich schlangengemustert wie ihre Hosen.

«Wie viel brauche ich für eine Hose?», fragte Phoebe.

«Für eine was?», fragte der Händler.

Sie schlug ihr Himation auf. Auch von den Nebentischen kamen neugierige Blicke. Die Männer lachten.

«Doch», sagte einer, «so was hab ich schon mal gesehen. In Athen. Das ist skythisch. Die Athener haben skythische Bogenschützen angestellt, im Krieg als Kämpfer, im Frieden sorgen sie für Ordnung. Die tragen so gemusterte Hosen, auch Hemden mit langen Ärmeln, manchmal gar Kapuzen. Bist du ein Skythe?»

«Eben nicht», behauptete Phoebe. «Ich bin ein Thraker. Meine Hosen sind zerrissen. Ich möchte neue haben.»

«Die näht dir hier kein Schneider. Das können die gar nicht.»

«Ich weiß. Ich muss sie selber nähen.»

Der Mann, der mit ihr sprach, hatte sich weit über seinen Stand gebeugt über Holzpferdchen, Puppen, Kreisel, Reifen, Bälle – Phoebe blickte begeistert darauf, weiche, bunte Lederbälle, die sich so sachte in die Hand schmiegten …

«Willst du einen Ball?», fragte der Händler. «Bälle sind schön, wichtig, nützlich. Noch spielst du damit mit deinen Freunden, bald wirfst du ihn einem Mädchen zu, und wenn sie ihn fängt, muss sie dich lieben. Mehr, als wenn du ihr mit thrakischen Hosen vor der Nase herumtanzt.»

«Spann mir meinen Kunden nicht aus», schimpfte der Stoffhändler, «der will Stoff kaufen, keinen Ball.»

Aber Phoebe hatte schon einen Ball in der Hand. Vielleicht war sie auch ein wenig rot geworden.

«Ich glaube, der ist schon verliebt», lachte der Mann hinter den Spielwaren. «Lieben die Skythen schon vor dem Stimmbruch?»

«Thra – Thraker», stotterte Phoebe.

«He – ich hab was Besseres für dich», lockte ein Händler vom Nebentisch.

Es war still geworden hier im hinteren Teil des Marktplatzes. Vorn am Brunnen drängten sich nun alle. Dort gaben die Artisten eine Vorstellung. Phoebe war hier der einzige Kunde.

Tongefäße bot der Händler vom Nebentisch an, Amphoren, Krater, Schalen. Ein kleines Trinkgefäß hielt er ihr entgegen. «Kannst du lesen?» fragte er. «Hier steht:

‹Ich bin der Kelch der Liebe.
Der fein gesponnenen Kunst der Verführung,
der mit Schönheit gekrönten Aphrodite verfällt,
wer aus diesem Kelch trinkt.›

So was wirkt sicherer als ein Ball.»

«Der ist gekommen, um Stoffe zu kaufen!»

Der Stoffhändler erinnerte Phoebe wie ein schlechtes Gewissen an die eigentliche Absicht ihres Marktganges.

«Am besten sind Äpfel», mischte sich ein Obsthändler ein. «Äpfel sind noch immer die beste und häufigste Liebesgabe. Iss erst einmal selber ein paar Äpfel, Junge, dann wächst dir ein Adamsapfel, und du kriegst eine Männerstimme, und schenk deiner Freundin schon mal einen Apfel, sie wird verstehen, wie du das meinst. Ein schöner Spruch macht noch keinen Zauberkrug.»

«Was weißt denn du», verteidigte sich der Keramikhändler. «Ich habe Hunderte von diesen Krügen hergestellt und alle in den Tempel der Aphrodite getragen und um ihre Gunst gebeten. Meine Krüge sind berühmt. Ich schicke sie nach Ephesos, Milet, Gaza, Syrakos ...»

«Das ist alles nichts», behauptete der Stoffhändler. «Näh du deine thrakischen Hosen und fang dir einen Wendehals. Das wirkt am stärksten auf das Herz der Geliebten. Man muss ihn mit den Füßen auf ein Rad binden, es langsam drehen und Zaubersprüche sagen. So hat Jason die Liebe der Medea gewonnen.»

«Aber ich kenne die Zaubersprüche nicht», sagte Phoebe.

«Eben», nickte der Obsthändler, «für Äpfel braucht man keine Zaubersprüche. Die wirken ganz aus eigener Kraft.»

Phoebe ging auf den Obststand zu. Sie wusste, wie gern Alexander Äpfel aß.

«He!», rief eine Stimme hinter ihr.

Sie drehte sich um. Ein Ball flog ihr entgegen. Rasch hob sie die Hände und fing ihn.

«Siehst du», sagte der Spielwarenhändler, «so geht das.»

Als Phoebe die Agora verließ, trug sie drei Äpfel in ihrem Schultersack, einen weichen, bunten Lederball und einen tonroten Kelch mit einem Liebesspruch. Für den Stoff hatte ihr Geld nicht mehr gereicht.

Träumend ging sie durch die Straßen von Pella. Als sie sich vor dem Tempel der Aphrodite wiederfand, wusste sie nicht, wie sie da hingekommen war. Misstraute sie dem Keramikhändler? Hatte der wirklich seine Krüge vor die Liebesgöttin getragen, bevor er sie schiffsladungsweise in alle Städte des Mittelmeeres schickte? Wollte sie für die Äpfel und den Ball auch um die Gunst der Göttin bitten?

Zögernd trat sie durch die Säulenreihen in das Innere des Heiligtums. Da stand sie auf ihrem Sockel, die Marmorstatue der Aphrodite, die Göttin der Schönheit. Ein Peplos, den sie wohl eben um den Körper legen wollte, war ihrer linken Hand entglitten, vielleicht weil sie aufschaute, als Phoebe in ihr Heiligtum kam. Aber sie lächelte, sie erschrak nicht, enthüllte doch das in kräuselnden Marmorfalten hinabsinkende Tuch nichts als ihre Schönheit.

Phoebe hielt den Atem an. Doch die Marmorstatue lächelte. Da öffnete Phoebe ihren Schultersack, legte die drei Äpfel, den Ball und den Kelch vor den Sockel. Aphrodite lächelte auf sie herab. Und Phoebes Herz wurde leicht, so leicht, wie es gewesen war, bevor Alexanders blaues Sehnsuchtsauge es schwer gemacht hatte, und sie glaubte, dass nun alles gut würde: Alexander würde die Äpfel essen, den Ball fangen, aus dem Kelch trinken und sie lieben, wie sie ihn liebte. Still und friedlich würde sie schlafen auf den gestutzten Flügeln seiner Chlamys und die fröhlichsten Lieder spielen auf seiner Syrinx, und niemand – das versprach das Marmorlächeln der Göttin – müsse leiden an der Liebe. Auch nicht Endymion.

Sie packte ihre Schätze wieder ein und ging.

Auf den Stufen des Tempels saß sie in der mittäglichen Frühlingssonne – und da – da sah sie sie wieder, die Schlangenbeine – und da – da zog sie die skythischen Hosen aus.

Die Schlangenhäute glitten auf die Tempelstufen, aber was sich da gehäutet hatte, war keine Schlange mehr. Phoebe atmete leise, kurz und flach, um besser nach innen horchen zu können. Sie spürte, es wurde etwas anders. Sie hörte nicht mehr auf – da am Bauch, wo die Hosen, wo die Schlangen angefangen hatten. Sie ging nun weiter. Von den Augen, die um Bukephalos weinten, über das Herz, das mit Endymion litt, durch den Bauch, auf dem glühend die Spitzen einer roten Chlamys gelegen hatten, ging Phoebe nun weiter. Alles war Phoebe.

Auch die Hüften, die Beine, die Zehenspitzen gehörten zu ihr. Sie jubelte. Da sie keine Flöte hatte, sang sie. Und dann öffnete sie die beiden Schulterspangen ihres Chitons, ließ auch dieses Kleidungsstück auf die Tempelstufen gleiten, zog die Spangen ganz heraus. Sie breitete ihr Himation auf den Stufen aus, schlug die obere Kante um, legte das Tuch doppelt. Sie verband die Vorder- und Hinterseite mit einer Spange, schob den linken Arm hindurch, die Spange lag auf der Schulter. So steckte sie auch auf der rechten Schulter Vorder- und Hinterteil mit der anderen Spange zusammen. Aus ihrem Himation war ein Peplos geworden, das übliche Gewand griechischer Frauen.

Da lagen noch der Chiton und die skythischen Hosen. Den Chiton brauchte sie zum Arbeiten. Also stopfte sie ihn in den Schultersack. Aber die Hosen? Die verhasste schwarzgelbe Doppelschlange? Sie schaute sich um.

Rechts neben dem Heiligtum, halb verborgen hinter Zypressen, sah sie einen schmalen, langen, flachen Kasten. Dorthinein legte die Priesterin Geräte der Göttin, die sie nicht mehr brauchte, die man aber nicht einfach wegwerfen konnte: zerbrochene Opferschalen, alte Weihrauchgefäße, zerschlissene Priestergewänder.

Phoebe griff die skythischen Hosen, huschte zu den Zypressen, hob den Deckel des göttlichen Abfallkastens und verbarg die schwarzgelbe Schlangenhaut unter dem Leinenweiß eines alten Priestergewandes.

Dann ging sie heim. Endlich. Viel länger war sie ausgeblieben, als Hämon ihr erlaubt hatte.

Und wie kam sie heim!

Phoebe, die fortgegangen war, um Stoff für thrakische Hosen zu kaufen – da trat sie in den Pferdehof, das Himation umgewandelt in ein Frauengewand, in ihrem Schultersack verbarg sie drei Äpfel, einen bunten Lederball und einen Zauberkelch mit einem Liebesspruch.

Endymions Entschluss

Drei Äpfel.

Warum hatte sie drei Äpfel gekauft? Wie sollte sie die verteilen? Einen für Alexander. Einen würde sie selber essen. Und wem sollte sie den dritten geben? Endymion?

Die Äpfel konnte sie nicht einfach in die Truhe legen, tief unten in die hinterste Ecke, dorthin, wo eine kostbare Panflöte sich nun über die Gesellschaft eines bunten Balles und eines roten Kelches freute. Die Äpfel mussten bald gegessen werden. Sie hatte sich dann für die beste aller Lösungen entschieden. Einen Apfel bekam Daphne, einen Galateia und den dritten Kalais. Das war wirklich eine gute Lösung. Sie war froh, dass auch Pferde Äpfel mochten. Dennoch war sie traurig und nicht nur, weil sie keinen vierten Apfel hatte, um ihn Bukephalos zu geben, oder vielmehr keinen Bukephalos mehr hatte, dem sie einen Apfel geben könnte. Zornig dachte sie an Aphrodite, die Göttin der Liebe, die so mild, so überlegen, so wissend auf ihre Liebesgaben herabgelächelt hatte, als sei Liebe ein stilles, inniges Glück. Da hatte Phoebe, zwölf Jahre alt und vor einigen Wochen aus einer Schlangenhaut ausgeschlüpft, ganz andere Erfahrungen gemacht. Sie litt.

Eines Abends war Endymion unerwartet in die Kammer der Pferdejungen gekommen, als sie ihre Schätze gerade auf ihrem Bett ausgebreitet hatte. Die hatte sie mit denselben scheuen, ehrfurchtsvollen Bewegungen auf ihr Himation gelegt, mit denen sie sie damals in den Tempel der Aphrodite getragen hatte, und genauso kniete sie davor und schaute sie an: die roten Fetzen von Alexanders Chlamys, seine Panflöte, den weichen, bunten Lederball, den tonroten Kelch mit der Inschrift. Die

Äpfel nicht. Die hatten Daphne, Galateia und Kalais schon gefressen.

Endymion starrte das alles an und verstand sofort. Die roten Stofffetzen erkannte er wieder. Die Flöte hatte er schon in Alexanders Händen gesehen. Was so ein Ball bedeutete, wusste er. Und außerdem konnte er lesen. Er beugte sich über den Kelch, und sie sah an seinem Gesicht, dass der Keramikhändler sie nicht betrogen hatte. Da stand wirklich geschrieben, was er ihr vorgelesen hatte.

Endymion stand eine Weile still, mit hängendem Kopf, baumelnden Armen.

«Keine Äpfel?», fragte er gepresst.

«Die – die hab ich den Pferden gegeben», stotterte Phoebe. Damit machte sie nichts besser.

Dass er weinen würde, hatte sie erwartet. Und dass er sagte: «Ich bringe ihn um, den bösen Geist mit den kurzen Beinen!» überraschte sie nicht. Aber sie hatte nicht damit gerechnet, dass er toben würde.

Er schlug die Fäuste an die Stirn, trampelte mit den Füßen auf den Boden, trat gegen sein Bett, riss die Decke herunter, wickelte sich hinein, krümmte sich, wand sich, rollte sich über den Boden.

«Ich springe vom Palastturm!», schrie er. Aber das tat er nicht.

«Ich werfe mich Lykos' Vierergespann unter die Hufe!» Aber auch das tat er nicht.

«Ich springe in den Axios und lasse mich ins Meer treiben!» Auch das tat er nicht.

«Ich fahre im nächsten Jahr das Poseidonopfer für Olynthos!»

Und das tat er.

Lykos hatte sich als Wagenlenker bewährt. Längst arbeitete er nicht mehr als Pferdejunge, trug er nicht mehr den kurzen

Chiton der Arbeiter und Sklaven. In der Tracht der Wagenlenker, in dem knöchellangen Chiton mit den kurzen, faltenreichen Ärmeln sahen sie ihn nun auf der Rennbahn von Pella seine Pferde üben. Im Frühjahr hatte er an den Isthmischen Spielen in Korinth teilgenommen, hatte sein Gespann als schnellster durch Poseidons Fichtenhain gelenkt, war heimgekehrt mit dem Fichtenkranz im dunklen Haar. Im kommenden Jahr aber, wenn wieder dem Poseidon ein Pferdeopfer für den Sieg über Olynthos gebracht werden sollte, würden die Olympischen Spiele stattfinden, und kein Siegeskranz galt so viel wie der olympische Ölzweig. Auf keinen Fall würde Philipp in einem Olympiajahr einen seiner besten Wagenlenker das Poseidonopfer fahren lassen. Xanthos hatte bereits gesagt: «Ich tu's nicht. Lieber lauf ich davon.»

Und nun schrie Endymion:

«Ich fahre im nächsten Jahr das Poseidonopfer für Olynthos!»

Schrie es in Wut, Verzweiflung, Eifersucht.

Seine Wut verging, seine Verzweiflung blieb, seine Eifersucht wuchs.

Im Frühjahr des Jahres 344 – Kalais hatte noch immer keine weißen Haare – stand Endymion auf der Rennbahn von Pella in dem kleinen, zweirädrigen Wagen, hielt acht Zügel in den Händen und schaute auf die wogenden Rücken von vier todgeweihten Schimmelhengsten.

Pferde mögen Äpfel. Bunte Lederbälle mögen sie nicht. Wie gern hätte Phoebe Daphne, Galateia oder Kalais den kleinen, bunten Ball zu fressen gegeben. Und den tonroten Kelch mit dem Liebesspruch. Und die rotfädig blutenden Fetzen einer Chlamys. Und eine kostbare, sacht geschwungene Panflöte. Und ihr ganzes zwischen Alexander und Endymion entzweigerissenes Herz.

Sie dachte an Alexander, während sie Aura dreimal fütterte und Hippolyta vergaß, während sie träumend an eine Futterkrippe gelehnt stand und nicht merkte, dass es Harpyie war, die neben ihr ihre Gerste fraß, während sie die Stuten und die Fohlen aus dem Stall trieb, Myrtale mit ihrem Fohlen vergaß und einschloss.

«Seit du ein Mädchen bist, kann man dich zu nichts mehr gebrauchen», schimpfte Hämon.

Ansonsten schimpfte niemand darüber, dass sie nun ein Mädchen war. Xanthos hatte es schon gewusst, Memnon, dem Jungen, der Lykos' Arbeit übernommen hatte, war das gleichgültig.

Phoebe war meist allein. Endymion ging ihr aus dem Weg. Wortlos teilten sie ihre Arbeit so ein, dass sie sich kaum sahen.

Im Frühjahr des Jahres 344 kam der König zu ihnen.

«In den nächsten Tagen kommen vier Schimmelhengste», sagte er. «Wer von euch fährt in diesem Jahr das Poseidonopfer für Olynthos?»

Er schaute Xanthos an. Der blickte zu Boden.

«Ich tu's, Herr», sagte Endymion, und Philipp nickte.

Am Abend kramte Phoebe die Flöte aus ihrer Truhe hervor,

Alexanders kostbare Panflöte. Sie setzte sich auf ihr Bett und spielte sie, zum ersten Mal, sie dachte dabei an Endymion, nur an Endymion, und da wurde es eine Flöte wie jede andere.

Endymion lag auf seinem Bett, hatte das Himation über seinen Kopf gezogen und rührte sich nicht. Sie ging zu ihm, zog ihm das Tuch weg, spielte weiter, bat mit hundert Tönen um einen Blick. Den bekam sie auch. Traurig schaute er sie an. Und seine Augen waren braun, hellbraun, goldbraun, eins wie das andere.

Als die vier Schimmelhengste eintrafen, kam Philipp noch einmal in den Stall.

«Kannst du fallen, Junge?», fragte er. «Wir zeigen dir die Stelle, wo du abspringen musst.»

«Ich kann fallen, Herr», behauptete Endymion.

«Du musst überleben», sagte der König. «Ich bringe keine Menschenopfer. Wenn du stirbst, hat Poseidon das Opfer abgelehnt, und wir müssen mit seinem Zorn rechnen.»

Endymion schaute zur Seite.

«Ja, Herr», sagte er leise.

Nun weiß ich, was ich tun muss, dachte er.

Er trat auf die Schimmel zu, wartete, lauerte darauf, dass der König endlich ging, denn er traute ihm zu, dass er seine Gedanken erriet, und dann versprach er jedem der vier Schimmel: Ich sterbe mit euch. Ich springe nicht ab.

Er war nicht vom Palastturm gesprungen, nicht vor die Hufe eines galoppierenden Gespanns, nicht in den Axios. Er gehörte einfach nicht zu denen, die in den Tod springen. Aber Nicht-Springen, das musste leicht sein, nichts tun, warten, bis alles von selbst geschah, das konnte er.

Und was alles konnte er nun auslösen durch Nichts-Tun, Nicht-Springen! Rache an Philipp, der ihm Olynthos zerstört hatte. Rache an Alexander, der ihm Phoebe geraubt hatte. Denn Poseidon würde zürnen, wenn ein Mensch unrettbar über die Felsen von Sithonia in die Wellen stürzte, zwischen sechzehn um Leben und Tod kämpfende Pferdehufe. Und Poseidon würde dem makedonischen König die Schiffe versenken, Winde ausschicken, ihm die Ernten zu vernichten.

Ich werde nicht springen, dachte Endymion, ich werde sterben.

Der Gedanke war wie frische, kühlende Luft, die er tief einatmen konnte, so dass er sich aufrichten, Kopf und Schulter heben musste. Die Tage wurden für ihn länger und heller, und nicht nur, weil der Frühling sie länger und heller machte. Er stand morgens auf, war sofort hellwach und ging zu seinen Schimmeln, Endymion, der Schläfer, der immer müde über die eigenen Füße gestolpert war, bis Phoebe die Morgenarbeit weitgehend erledigt hatte. Von niemandem ließ er sich helfen. Er pflegte die vier Hengste selber, zäumte sie auf, schirrte sie an, fuhr hinüber zur Rennbahn, übte mit einem erfahrenen Wagenlenker. Jeder Handgriff, den er tat, hatte ein Ziel und erfüllte seinen Zweck. Xanthos ärgerte ihn nicht mehr, er trat fast ehrfürchtig beiseite, wenn sie sich trafen, und dabei sahen plötzlich alle – Phoebe, Hämon, Memnon – mit einem Blick, dass er größer war als Xanthos.

Wie konnte er so schnell wachsen, dachte Phoebe. In wenigen Tagen. Er ist mir davongewachsen. Wo wächst er hin?

Abends verschwand er für ein paar Stunden. Niemand fragte ihn, wohin er ging. Er hatte nichts versäumt, nichts vernachlässigt. Man hielt ihn nicht auf.

Endymion ging zu dem kleinen Tempel der Athena. Er wusste, dass er Poseidon um sein Opfer betrog, wenn er nicht vom Wagen sprang. Athena, die Schutzgöttin Athens, war auch die Patronin der athenischen Tochterstadt Olynthos gewesen. Ihr wollte Endymion das Poseidon gestohlene Opfer weihen.

Es war nur ein kleiner Tempel, den man ihr gebaut hatte, am Stadtrand, westlich des Königspalastes, zwei Stufen, zwei schlichte, glatte Säulen, eine messingbeschlagene Tür, die ins Innere des Heiligtums führte – die Brunnen im vornehmen Villenviertel der Stadt waren prächtiger als der Tempel der Zeustochter.

Auch die Statue war klein, nicht lebensgroß wie die der Aphrodite, schon gar nicht zwei Meter hoch wie Lysippos' müde Athleten an der Rennbahn, Endymion, hoch gewachsen und aufrecht gehend, war genauso groß wie die Göttin mit Sockel.

Aber der Sommer kam näher, die Tage wurden länger, früher ging die Sonne auf, als Endymion hellwach aus dem Bett springen konnte, im Morgengrauen stolperte er wieder. Aber wenn er seine Arbeit erledigt hatte, blieb immer noch Zeit, die er im Heiligtum der Athena verbrachte.

Wirst du das Opfer annehmen?, fragte er die Göttin, du weißt, dass ich es Poseidon raube. Willst du, dass ich es tue? Gib mir ein Zeichen, wie du so oft den Athenern einen guten Rat gegeben hast.

Er schaute der Göttin nicht mehr auf den Bronzehelm. Auf ihre Schulterspangen schaute er, die Marmorfalten ihres Gewandes hinab, Kopf und Schulter waren ihm gesunken, und Xanthos war wieder größer als er.

Eines Abends ging er nicht heim.

Gib mir ein Zeichen, bat er die Göttin, heute, heute Nacht.

In der Dämmerung ging er über die Hügel nördlich des Tempels und schaute aus nach den heiligen Tieren der Göttin. Schlangen und Eulen, darauf musste er achten. Es war dunkel, aber es war sternklar und fast Vollmond. Er hörte Eulen und Käuze rufen, aber sie sagten ihm nichts.

Dann hörte er ein Wiehern.

Er hatte die Hengstweide erreicht. Hämon hatte die Junghengste nach Norden verlegt, dahin, wo es ein wenig abschüssig, auch etwas steinig war, damit die jungen Hengste lernten, auf hartem, unebenem Boden zu laufen.

Kalais kam auf ihn zu. Lange hatte Endymion sich nicht mehr um Galateias Sohn gekümmert.

Wenn er jetzt nach dem Fellwechsel keine weißen Haare hat, darf er ein Fuchs bleiben, dachte er.

Und da fiel ihm ein: Das war Athenas Zeichen.

Wahrscheinlich würde Philipp das Pferdeopfer aufgeben, wenn es einen Wagenlenker mit in die Tiefe riss.

Wenn er ein Schimmel wird, dachte er, muss ich es tun. Dann muss ich ihn retten. Dann muss ich verhindern, dass Philipp das Pferdeopfer in zwei Jahren wieder bringt. Wenn er ein Schimmel wird, muss ich sterben.

An Kalais' Kopf über den Augen fand er keine weißen Haare, aber in den Flanken und am Hüftgelenk war das Pferd stichelhaarig.

Es ist nur das Mondlicht, dachte er, das ist unberechenbar, unzuverlässig, treulos – das weiß ich ja nun. Sie will, dass ich sterbe, Phoebe, Selene, die Mondgöttin, ja, sie will, dass ich sterbe. Das Mondlicht lag hell auf den Flanken des Pferdes, das stand still, ließ sich ruhig untersuchen, es kannte ja Endymions Hände, die über seinen Körper tasteten, viel zu lange hatten sie ihm gefehlt. Es war offenbar: An den Flanken war der junge Hengst stichelhaarig.

Dennoch blieb Endymion auf der Weide, bis er dem Morgengrauen glauben musste: Kalais würde ein Schimmel werden.

Bunte Kiesel für den Königssohn

Im Sommer suchten alle Kinder von Pella Kieselsteine. Philipp hatte beschlossen, seinen Palast zu vergrößern, einen weiteren Innenhof bauen zu lassen, umgeben von Zimmern für Gäste und Freunde. Balken wurden gebracht aus den makedonischen Wäldern, halb fertig hergerichtete Säulenteile aus den Marmorfelsen im Süden. Das Fußmosaik im Innenhof sollte Alexander zeigen, den Prinzen auf der Löwenjagd.

«Er hat noch keinen einzigen Löwen gejagt», sagte Xanthos.

«Bis das Mosaik fertig ist, wird er zwanzig Löwen gejagt haben», sagte Memnon.

«Und einer davon», sagte Endymion, «wird ihn fressen. Ich hoffe, der Erste.»

Kinder brachten Kieselsteine, beutelweise. Neben der Baustelle westlich des Palastes wuchsen Kieselsteinberge. Jeder wollte mit einem Steinchen einen Teil beitragen zum Bild des Prinzen. Aber fast alle Kiesel waren grau, von einem stumpfen, glanzlosen Grau, gut genug, um athenische Redner abzubilden, meinte Philipp, nichts für einen makedonischen Königssohn. Hämon mischte die Kiesel unter die mit eisernen Bändern eingefassten Stellplätze der Hengste. Auf faustgroßen Steinen, gemischt mit Kieseln, standen die Hengste zum Putzen, damit sich auf hartem, unebenem Boden ihre Hufsohlen festigten. Phoebe wusste, wo buntere Kiesel zu finden waren.

Dicht bei der Hengstfohlenweide floss ein Bach den Hügel hinab, nicht sumpfig trübe wie unten in der Ebene, sondern klar, über rund geschliffene Kieselsteine.

Kiesel suchen für Alexander, der König hatte es befohlen. Für ein paar Stunden wollte Phoebe vergessen, woran sie unaufhörlich denken musste: In drei Tagen reisen wir zur Chalkidike, dort fährt Endymion das Poseidonopfer für Olynthos.

Sie nahm die Flöte mit.

Der Bach sprang durch niedriges Gehölz über bemoostes Gestein den Hang hinunter, die Sonne stand hoch, die Steine glitzerten im Wasser. Phoebe kletterte aufwärts. Ein Felsbrocken, größer, als man es in der Ebene von Pella gewöhnt war, zwang den Bach zu einem kleinen Umweg. Sie setzte sich auf den Stein, genoss den weiten Blick bis zur Mündung des Axios und erlaubte sich, an Alexander zu denken.

Kiesel suchen für den Königssohn. Philipp hatte es befohlen.

Und dabei durfte man an nichts anderes denken als an Alexander. Sehen musste man ihn, in jedem Baumstumpf, in jedem Erdklumpen, in jeder Wolke, und ihn wiedererkennen in den Kieseln im Bach, seine hellblonden Locken in der gewölbten Stirn, seine zweifarbenen Augen, seine rötliche Gesichtsfarbe, seine sehr roten, vollen, weich geschwungenen Lippen ... Und dann spürte sie wieder das Flattern tief unten im Bauch, als hätte sie einen von der Sonne berauschten Schmetterling verschluckt. Seit Endymion sein «Ich fahre das Poseidonopfer für Olynthos!» auch vor dem König gesagt hatte, schien ihr jeder Gedanke an Alexander vergiftet, verätzt, durchlöchert.

Bevor sie aber nach den Kieseln suchte, wollte sie spielen, wollte sie der Nymphe des Baches ein Lied schenken und um Verzeihung bitten, dass sie gekommen war, ihre buntesten Kiesel zu rauben.

Doch ehe sie begann, sah sie drei Pferde über die Ebene galoppieren, dabei die rote Chlamys, flatternd über einem schwarzen Pferd, und sie verstand: Auch Alexander wusste, wo die schönsten Kiesel waren.

Phoebes Platz war günstig. Hinter dem Felsen konnte sie sich leicht verbergen. Sie klemmte noch einen Erlenzweig zwischen sich und den Stein. Durch die Blätter konnte sie hinabsehen.

Die Jungen banden ihre Pferde an. Hephaiston sprang über den Bach, Sereipion fiel hinein.

«Du wirbelst Erde auf!», schimpfte Alexander. «Man kann so keine Steine sehen.»

Er breitete ein weißes Tuch am Ufer aus. Und dann wateten die Jungen vorsichtig im Bach. Hin und wieder rief einer: «Dieser!» oder «Der ist gut!» und warf einen Kiesel auf das Tuch. Phoebe erkannte die Stimmen von Hephaiston und Sereipion. Alexander fand offenbar nichts, das ihn befriedigte.

Und dann sah sie das rötliche Schimmern grad vor ihren Füßen. Zuerst hielt sie es für junge Krebse, griff vorsichtig ins Wasser, um nicht gezwickt zu werden, aber was sie herauszog, waren Kiesel, die hatten, trocknend an der Sonne, eben so viel Rot, dass sie für die Gesichtsfarbe des Prinzen taugten. So rötlich waren Alexanders Wangen, wenn er kämpfte und siegte. Wenn er zornig war, wenn er verlor, wenn etwas nicht nach seinem Willen ging, dann wurde sein Gesicht tiefer rot. Aber siegen sollte er ja im Kampf gegen den Löwen, gegen zwanzig Löwen und mehr sollte er siegen.

Was Phoebe da in der Hand hielt, waren die steinernen Wangen des makedonischen Königssohnes. Wasserkühl hatte sie die Kiesel aus dem Bach gelesen, sommerwarm wurden sie in ihrer Hand, sie drückte die Stirn darauf, legte sie dann an die Wange, da waren sie glühend wie vulkanisches Gestein, und hätte jemand Phoebe abbilden wollen, Phoebe, die Flötenspielerin, in einem Kieselmosaik – aber das wollte ja keiner –, er hätte rötere, viel rötere Steine gebraucht.

Sollte sie heimgehen und die Steine oben auf die Kieselberge legen? Unter ihr sprangen die Jungen im Bach.

Er soll sie selber finden, dachte sie.

Aber sie konnte doch nicht einfach die Steine hinabwerfen. So nahm sie die Flöte und spielte.

Die Jungen standen starr.

«Es ist Pan», flüsterte Alexander, «er folgt mir. Er hat schon einmal für mich gespielt, hat mir Delphine angelockt, unten am Meer.»

Phoebe hielt die Syrinx mit der rechten Hand, stützte sie mit der linken Faust, darin brannten die roten Steine.

Und dann warf sie die Kiesel über den Felsen hinab, hörte sie zischend ins Wasser klatschen.

«Danke, Pan!», rief Alexander. Durch die Blätter des Erlenzweiges sah Phoebe Hephaiston und Sereipion im Wasser wühlen, Alexander zielsicher die roten Steine greifen und bewundernd in die Sonne halten. «Danke, Pan!», rief er.

Und da sah Phoebe den blauesten aller Kieselsteine. Unter einem Stück Fels lag er und schaute sie an wie ein Auge. So tiefblaue Kieselsteine gibt es gar nicht. Aber so tiefblaue Augen gibt es ja eigentlich auch nicht. Kaum traute sie sich, ihn aus dem Wasser zu nehmen. Würde er nicht ausbleichen zu seinem anderen, dem kühlen, helleren Auge?

Sie nimmt ihn schließlich, hält aber die Hand zur Faust geballt, schaut ihn nicht an.

Ich muss einen zweiten solchen Stein finden, entscheidet sie. Dann wird er auch einmal zwei gleichfarbene Augen haben, das wird sich auswachsen, ausheilen, ja.

Es ist sinnlos, Phoebe, hör auf. Einen zweiten Stein in dieser Farbe gibt es nicht.

Sie stampft und wühlt im Bachbett.

Du wirbelst nur Dreck und Erde auf und spülst ihm das trübe Wasser vor die Füße.

Sie öffnet die Hand. Nichts hat er verloren von seiner tiefblauen Farbe.

Ich geb ihn nicht her, denkt sie.

Und was willst du damit, Phoebe, Selene, du Mondgöttin? Willst du ihn in deine Truhe legen, wo ein Ball und ein Krug verkümmern?

Die Flöte nicht mehr, sei froh. Die hat dir Endymion schon gerettet.

Phoebe schaut auf den Stein. Es ist dies eigentlich kein Blau, das man so ohne weiteres in der Hand halten kann. Es ist das Blau, das immer in der Ferne bleibt, du läufst ihm nach ein Leben lang, und wenn du ankommst, wo es eben noch war, ist es schon wieder in der Ferne, und es ist vermessen, es ist ungeheuerlich, so etwas in der Hand zu halten.

Da wirft sie den Stein hinunter und schaut ihm nicht nach.

Kann sein, Alexander fing ihn oder einer seiner Freunde, der Jubelschrei kam von allen zugleich.

Vielleicht hat sie sogar mitgeschrien. Irgendetwas jubelte in ihr, als sie den Stein fortwarf. Was in die Ferne gehörte, war wieder weit fort. Alexander aber stand unten am Bach, blickte lächelnd hinauf, dahin, wo er den Hirtengott vemutete. Ihm war es selbstverständlich, dass ein Gott ihm Kiesel zuwarf, dass Götter ihm dienten.

Todesfahrt

Die Straße, die von Olynthos nach Pella führte, war die Gräberstraße der Stadt. Dicht am Wegrand lagen die großen Grabstätten der Reichen, geschmückt mit Statuen und Marmorsäulen, weiter zurück die schlichten der weniger Vornehmen.

Endymion ritt Galateia. Er hatte darum gebeten. Neben der weißen Stute lief ihr fuchsfarbenes Stutfohlen. Die vier Schimmelhengste wurden von Sklaven geführt. Sie wurden nicht geritten, nicht gefahren, frei von jeder Last sollten sie gehen auf diesem ihrem letzten Weg. Phoebe hatte durchgesetzt, dass sie mitdurfte. Sie ritt Hippolyta, die dunkelbraune, schnelle Stute, weil die kein Fohlen hatte in jenem Jahr.

Endymion trug einen Efeukranz, als ritte er zu einem Gastmahl. Lieber hätte er einen Eibischkranz getragen, mit dem man die Toten schmückte, denn er ritt in seinen Tod. Mit der rechten Hand hielt er die Zügel, die linke hing herab und spielte mit den Ohren des Fohlens, manchmal schaute er auch zu ihm hinunter und lächelte ein wenig, meist blickte er nach rechts oder links auf die Grabstätten vornehmer Makedonier.

Niemand baut mir ein Marmorgrab, dachte er. Niemand wird mir die Augen schließen, wird mich in duftenden Essenzen waschen und mir einen Obolos zwischen die kalten Lippen stecken, damit ich Charon die Fahrt über die Flüsse der Unterwelt bezahlen kann, hinüber ins Reich der Schatten, der Toten. Was geschieht mit Ertrunkenen? Müssen sie ewig unruhig zwischen den Lebenden und Toten hin und her wandern wie schlimme Verbrecher, denen man das Begräbnis verweigerte? Mein Vater ließ seinem ertrunkenen Bruder ein leeres Grab an der Gräberstraße von Olynthos errichten. Niemand wird das für mich tun. Und niemand wird kommen am dritten, am neunten und am dreißigsten Tag nach meinem Tod und wird mir durchlässige Tongefäße stellen auf das Grab, damit Honig und Milch, Wein und Öl hinabsickern auf meinen todtrockenen Mund, Süße und Rausch des verlorenen Lebens. Bitter wird mein Tod sein, trocken und nüchtern mein heimatloses Irren zwischen den Lebenden und den Schatten.

Phoebe beobachtete, wie sein Blick rechts und links zwischen den Grabstätten hin und her wanderte.

Er hat Angst, dachte sie, dass er sterben wird auf dieser Fahrt. Nach vier Tagen ritten sie an den Trümmern von Olynthos vorbei, hielten aber nicht an, der König drängte weiter. Phoebe schaute von weitem auf Endymion, der blickte starr geradeaus. Zwei Tage später, am frühen Abend, erreichten sie die Felsspitze der Halbinsel Sithonia. Es war noch hell genug, dass sie das Gelände erkunden konnten. Philipp selber führte Endymion an den Felsrand, er selbst zeigte ihm drei dicht nebeneinander stehende Zypressen.

«Hier musst du abspringen, Junge», sagte er. «Ich bringe keine Menschenopfer. Du schlingst die Zügel um die Wagenstange, sie dürfen nicht durchhängen, damit die Pferde nicht drauftreten, aber du darfst sie auch nicht straff anziehen, sie müssen die Köpfe frei haben. Von dieser Stelle an ist ein Viergespann nicht mehr aufzuhalten. Hier wächst noch Gras, der Boden ist einigermaßen weich, wenn du später springst, auf Stein und Geröll, bist du verloren bei der rasenden Fahrt.»

Endymion nickte.

Wem kann ich einen Obolos stehlen heute Nacht, dachte er. Ich muss einen Obolos im Mund haben, damit ich den Fährmann für die Fahrt über die Flüsse der Unterwelt bezahlen kann. Warum habe ich nicht früher daran gedacht?

Lange lag er wach und wartete auf eine Gelegenheit, die Münze zu stehlen. Aber es kam keine Ruhe in das Lager.

Schließlich schlief er ein und verschlief die Vogelschau, die Weissagung des Priesters aus dem Flug der Vögel.

Man brachte ihm Wein, Brot, Honig. Er sah, die vier Schimmel wurden bereits angespannt. Philipp reichte ihm den Becher voll Wein. Der Tag sei günstig, berichtete er. Als ersten Vogel habe der Priester einen Adler über den strahlend blauen Himmel fliegen sehen, und zwar von rechts nach links, Poseidon sei also willens, das Opfer anzunehmen.

«Nun liegt alles bei dir, Junge. Ich bringe keine Menschenopfer.»

«Ja, Herr», nickte Endymion, «aber was geschieht mit Toten, die nicht bestattet werden?»

«So etwas wird es hier nicht geben. Wenn du das Genick brichst bei dem Sprung, wirst du ein Ehrengrab erhalten an der Straße zu Pella.»

Alexander überprüfte das Geschirr der Hengste, stieg auf den Wagen, fuhr eine Runde, übergab Endymion die Zügel. Fahr du doch, dachte der, fahr dich zu Tode als Opfer für Olynthos, und gib mir meine Mondgöttin zurück. Ich will leben.

Aber er nahm die Zügel.

Athena will, dass ich es tue, dachte er, Athena wird auch den Fährmann bezahlen, dass ich ins Reich der Schatten einkehren kann. Sklaven brachten ihm den Efeukranz, aber er wies ihn zurück. Nur Phoebe musste er noch einmal anschauen. Die brauchte er nicht zu suchen. Die war immer um ihn herum.

Warum saß sie auf Hippolyta? Alle anderen Pferde grasten angehalftert auf der Hochebene. Philipp hatte verboten, dass der Opferwagen begleitet wurde. Er hatte auch verboten, dass Schaulustige sich am Felsrand aufhielten und sich daran ergötzten, wie das Gespann in die Tiefe stürzte.

«Nur Poseidon soll es sehen», hatte er bestimmt.

Phoebe auf Hippolyta bemerkte er nicht. Doch Endymion sah sie, und irgendwie beruhigte ihn das.

Denn Hippolyta ist ein schnelles Pferd, dachte er.

Aber eigentlich machte dieser Gedanke gar keinen Sinn.

Da ließ er die Zügel länger. Die Schimmel galoppierten an.

Phoebe hatte nicht den Befehl des Königs missachtet. Sie hatte ihn sogar ausführen wollen, war auf Hippolyta gesprungen, um sie hinüberzureiten zu den anderen Pferden und dort anzuhalftern, aber dann hatte sie zugeschaut, wie Alexander das Gespann prüfte, wie Endymion es übernahm, und da hatte sie alles vergessen. Starr empfing sie nun seinen Blick. Er hatte Abschied genommen mit diesem Blick, ohne Zorn war er gewesen, ohne Eifersucht, traurig, wehmütig hatte er Abschied genommen auf immer und für alle Zeit.

Er will nicht springen, wusste sie. Ja, sie wusste es. Sie stieß Hippolyta die Fersen in die Seiten, die Zügel hingen durch. Xanthos sprang erschrocken beiseite, Hämons erstauntes Gesicht blieb zurück, der König rief einen Befehl, den niemand befolgte, Alexander trat ihr entgegen, sie streifte ihn mit dem Fuß, als sie vorbeiritt, ein letztes Hindernis auf ihrem Weg zu Endymion.

Ein Vierergespann ist so schnell wie das langsamste Pferd in der Gruppe. Es mochten zwei, es mochten drei der Schimmel so schnell sein wie Hippolyta, mindestens einer war langsamer. Phoebe holte auf.

Ich habe vergessen, mich von Galateia zu verabschieden, dachte Endymion.

Er riss an den Zügeln, schaute zurück. Galateia sah er nicht, aber ein braunes Pferd, das hinter ihm herjagte.

Ich werde verfolgt, dachte er, und trieb die Schimmel an, als müsse er einer Gefahr entkommen.

Aber das ist doch Hippolyta, fiel ihm ein.

Schneller, dachte Phoebe, und hatte plötzlich ein Bild vor

Augen: Alexander, wie er das Rennen gegen seine Freunde gewann. So hatte der auf dem Pferd gesessen: die Knie fest am Pferd, die Beine locker, den Körper vorgebeugt, die Zügel durchhängend und leicht, leicht, als habe er kein Gewicht. Phoebe spürte, wie Hippolytas Sprünge unter ihr länger wurden.

Bei den drei Zypressen erreicht sie das Schimmelgespann. Weit hinter ihnen schreien die Makedonier.

Phoebe und Endymion schauen sich an. Sie haben keine Zeit für lange Blicke.

Sie rast in den Abgrund, denkt er. Was kann ich tun?

Springen! Was sonst? Sofort. Ein Vierergespann ist nicht mehr aufzuhalten. Ein einzelnes Pferd wird sich herumreißen lassen. Räder und Hufe klingen hell auf dem harten Fels. Ein steiniger Tod, der Sprung auf den felsigen Boden. Der Flug vom Felsen, das Sinken ins Wasser wäre weicher gewesen.

Endymion springt.

Er wird so hoch geschleudert, dass er all dies bei seinem Sturz sehen kann:

Die Schimmel jagen auf den Abgrund zu, der König springt auf, Phoebe reißt die Stute herum, Galateia säugt ihr Fohlen, auf das gläserne Blau des Sommerhimmels treffen schräg vier schwarzbraune Pferdebeine, die Schimmel versinken im Meer, der Himmel über der Ägäis zerspringt in tausend Scherben.

Endymion, der Schläfer

Endymion, schöner Schläfer im Latmosgebirge, du musst aufwachen, wenn deine Mondgöttin kommt und dich küsst.

Tagsüber hatten die Ärzte sich um ihn bemüht. In der Nacht war Phoebe mit ihm allein. Xanthos und Memnon hielten sich still zurück. Reglos lag Endymion auf seinem Bett, und Phoebe versuchte, ihn aufzuwecken, wie es seine Geschichte erzählte. Sie küsste ihn auf die todbleiche Stirn, die blassen Wangen, den kaum roten Mund.

Er aber tat die Augen nicht auf. Sie fasste seine Schultern.

Endymion, dachte sie, du kannst schlafen den ganzen Tag in deiner Felsengrotte. Wenn aber Selene, die Mondgöttin, kommt, wenn Phoebe, Selene, die Mondgöttin, kommt, dann musst du aufwachen für die Stunde der Liebe.

Sie schaute ihn an.

War das wirklich Schlaf, was ihn festhielt? Sahen die Zwillingsbrüder einander so ähnlich, Hypnos, der Schlaf, und Thanatos, der Tod?

Er lebt, hatten die Ärzte gesagt, als sie ihn untersuchten nach seinem Sprung auf den felsigen Boden der Halbinsel Sithonia.

Sein Herz schlägt, sein Atem geht, er lebt.

«So wird er auch wieder aufwachen», hatte Philipp gesagt. «Ich bringe keine Menschenopfer.»

Die Ärzte legten Heilpflaster auf seine blutenden Wunden, das hatten sie vorbereitet, und Schienen für seine gebrochenen Knochen. Auf einem Wagen wurde er heimgefahren und wachte nicht auf. Auch nicht, als Phoebe, Selene, die Mondgöttin, kam und ihn küsste. Sie saß bei ihm Tag und Nacht. Xanthos und Memnon übernahmen ihre Arbeit und beklagten sich nicht.

Am Morgen kamen Philipp und Hämon. «Aber er lebt doch», stellte Philipp fest.

«Ich sagte es dir, Herr», bestätigte Hämon.

«Er muss bald wieder aufwachen», verlangte Philipp. «Eines meiner Schiffe ist bei Phrygien gesunken. Heftige Winde haben es gegen die Felsen geschleudert. Die Leute fürchten den Zorn Poseidons, sie rechnen mit Unwettern, bangen um ihre Ernten.»

«Wir haben Asklepios einen Hahn geopfert», sagte Hämon. «Was können wir noch tun?»

«Ihn nach Epidauros bringen», schlug Philipp vor, «in den Tempel des Asklepios. Das Mädchen soll ihn begleiten. Sie soll auf den Stufen des Heiligtums schlafen und an seiner Stelle den Traum empfangen, den der Gott der Heilkunde schickt. Dann werden wir wissen, wie wir ihn aufwecken können.»

«Die Ärzte raten ab», sagte Hämon. «Epidauros ist zu weit. Der Weg dahin gebirgig. Er würde die Reise nicht überleben.»

«Wer ist eigentlich der Junge?», fragte der König. «Warum hat er das getan? Warum ist er nicht eher gesprungen?»

Hämon zögerte.

«Ich hätte dich warnen müssen, Herr», gab er zu. «Ich hätte es wissen müssen. Er stammt aus Olynthos. Er wollte seine Stadt rächen. Das Mädchen hat ihn gezwungen zu springen, weil sie sonst mit ihm ins Meer gestürzt wäre. Ja, ich hätte es wissen müssen. Ich bekenne meine Schuld, Herr.»

«Das nützt uns jetzt nichts mehr. Wenn er überlebt, gebe ich ihn frei und schenke ihm ein Landgut.»

«Du kannst etwas Besseres für ihn tun, Herr. Ich kann bezeugen, dass er aus der Beute von Olynthos stammt, dass er blonde Locken hatte, als er kam, also aus vornehmem Haus ist. Wenn du ihm ein Schreiben gibst, in dem du beglaubigst, dass er der Sohn des Pylades ist, so könnte er in Athen sein Erbe übernehmen. Er hat ein Haus dort. Und Schiffe.»

«Ich tue alles. Nur soll er gesund werden und dann gehen. Ich gebe ihm auch ein Pferd. Zu welchem rätst du mir?»

Hämon sah fragend Phoebe an.

«Kalais», würgte sie aus trockenem Hals, «Galataias zweijähriges Fohlen.»

«Ein nur eben mittelmäßiges Pferd», sagte Hämon. «Du kannst es entbehren, Herr.»

Philipp nickte und ging.

«Opfert Asklepios jeden Tag einen Hahn!», rief er in der Tür. «Er muss überleben.»

Am Nachmittag kam Lykos, zurückgekehrt aus Olympia, mit einem Kranz aus dem Laub wilder Oliven. Den trug er nicht mehr, aber er hielt den Kopf so hoch erhoben, er ging so leicht und schwebend, als hinge er über ihm, der Kranz aus den Zweigen wilder Oliven, und ziehe ihn wie ein Magnet aus der Masse gewöhnlicher Menschen. Lykos war kein gewöhnlicher Mensch mehr. Er hatte das Rennen der Vierergespanne in Olympia gewonnen.

Er schaute Phoebe freundlich und traurig an, kniete lange an Endymions Bett, hielt die leblose Hand des Jungen und ging wieder.

Noch immer hinkte er ein wenig.

Er ist gar nicht richtig traurig, dachte Phoebe, und er hat ihn doch so gern gehabt.

Ach, er war ja in Olympia, fiel ihr ein. Wer einmal eine Statue des Zeus in Olympia gesehen hat, wird nie wieder todunglücklich-traurig sein.

Da gehe ich nie hin, dachte sie. Ich will traurig sein, wenn es nötig ist zu trauern. Ich will so schmerzend traurig sein, dass mir das Herz zerspringt.

So traurig, Phoebe, wie dich deine Liebe zu Alexander macht? Deine sehnsuchtsvolle, unerfüllbare Liebe?

Nein, nicht süß-traurig, dass alles nach Honig schmeckt,

dass dumpfeste Arbeiten lichthell werden. Bitter-traurig werde ich sein, wenn er stirbt, wermutstraurig, wenn er nicht wieder aufwacht.

Dann solltest du, Phoebe, Selene, Mondgöttin, solltest du fortschaffen, was ihr nicht mitnehmen könnt, wenn ihr nach Athen aufbrecht, ihr drei: Endymion, Kalais und du.

Gegen Abend ging Phoebe hinunter in die Stadt zum Tempel der Aphrodite. Sie schlich zu den Zypressen neben dem Heiligtum, schaute, dass niemand sie beobachtete, und der bunte Lederball, der Zauberkelch, die roten Fetzen einer königlichen Chlamys verschwanden im Abfallkasten der Liebesgöttin.

Die Panflöte nicht, nicht die Syrinx, die behielt sie.

Ein Pferd für die Morgensonne

Am nächsten Morgen riss Hämon Phoebe schon früh vom Bett des nicht zu weckenden Schläfers.

«Komm!», rief er. «Philoneikes ist da, der Thessalier. Spät gestern Abend traf er ein. Du musst ein Pferd anschauen. Nur du kannst mir sagen, ob ich mich irre.»

Er lief hinüber zur Rennbahn, Phoebe neben ihm her, die 470 Schritte der langen Seite, vorbei an Lysippos' großen Statuen oder an leeren Sockeln, die noch warteten auf wohlgebildete Athleten, die sich auf ihnen langweilen würden.

Philipp, Alexander und einige Fürsten, Führer des makedonischen Reiterheeres mit ihren Zureitern, schauten zu, wie Philoneikes eines seiner Pferde vorritt. Es war ein fertig ausgebildeter, brauner Hengst. Geschickt bewies der Händler den Wert eines gut gerittenen, in allen Gliedern und Gelenken beweglichen Pferdes. Er hielt in jeder Hand einen Speer, in der linken dazu die Zügel, er warf den Speer aus vollem Galopp über die Rennbahn, wechselte den anderen Speer von der linken in die rechte Hand, spielte einen Kampf mit dem Stoßspeer vor, warf schließlich auch diesen, zog das kurze Schwert, parierte sein Pferd, wendete es auf der Hinterhand, ließ es steigen, zeigte, wie günstig es sich auf erhobenem Pferd zuschlagen ließ. Dann ritt er zum König.

«Du denkst, dies sei mein bestes Pferd», lachte er und sprang ab, «aber ich habe noch einen anderen, ein Wunder, noch nicht zugeritten, etwas eigensinnig, aber ein Wunder. Für dreizehn Talente geb ich den Hengst her. Sonst nicht.»

Pferdejungen brachten den Braunen in den Stall. Dann kam der andere, sie hörten ihn wiehern, schon da zuckte Phoebe zusammen. Der junge, schwarze Hengst war auffallend hochbeinig, dabei noch nicht ausgewachsen. Er trug ein Zaumzeug, eine dicke Lerntrense, und zwei Pferdejungen vermochten kaum, ihn zu halten.

Hämon fasste Phoebes Arm. Die wandte kein Auge von dem Pferd.

«Nun», fragte er, «ist er's?»

Sie nickte.

Philoneikes ergriff selber die Zügel und versuchte, das tänzelnde, steigende Pferd zu beruhigen. Es fiel ihm schwer, nicht zu fluchen. Natürlich hatte er gewusst, dass der Hengst seine Heimat wiedererkennen und mit Unruhe reagieren würde, aber er hatte gehofft, er würde sich dennoch einigermaßen wirkungsvoll vorführen lassen.

Dreizehn Talente, das war der Preis für ein kleines Landgut, eine ungeheuerliche Forderung. Es war ihm nicht bekannt, dass jemals jemand einen solchen Preis für ein Pferd bezahlt hätte. Aber er wusste, was dieses Pferd wert war oder vielmehr wert wäre, wenn es jemandem gelänge, es zu reiten. Ihm war das nicht gelungen. Seine Absicht, mit diesem Pferd die Fohlenrennen bei den Olympischen Spielen zu gewinnen, war gescheitert. Niemand konnte das schwarze Ungeheuer reiten oder fahren. Als Zuchthengst wollte er ihn nicht benutzen. Zu groß war die Gefahr, dass seine Nachkommen auch so ungebärdig würden. Also, er wollte das Pferd loswerden, aber nicht um jeden Preis. Sollte doch der makedonische König es zurückerhalten, nur durfte er bitte nicht merken, dass er eben diesen Hengst vor gut einem Jahr für ein halbes Talent verkauft hatte.

«Dreizehn Talente», sagte Hämon, «er ist unverschämt. Doch er wird dabei bleiben. Er ist zwar ein Händler, aber er lässt nicht mit sich handeln.»

Alle sahen, wie leicht sich dieses Pferd bewegte, auch, dass es zwar eigensinnig, aber keineswegs boshaft war. Für einen zweijährigen Hengst hatte er einen kräftigen Hals, die breite Stirn fiel nicht mehr unangenehm auf. Bukephalos war an seinen Ochsenkopf herangewachsen. Niemand – außer Phoebe und Hämon – erkannte ihn.

«Wenn ihn jemand vorreitet, kaufe ich ihn. Sonst nicht», sagte Philipp.

«Er ist noch nicht zugeritten, Herr», sagte Philoneikes.

«Das macht nichts», erklärte der König. «Hier stehen genügend erfahrene Reiter, die nicht zum ersten Mal auf ein ungerittenes Pferd springen. Wer wagt es?»

«Kannst du etwas tun?», fragte Hämon. «Kannst du ihn beruhigen? Wir wollen ihn doch wiederhaben. Ich hatte keine Ahnung, was für ein Pferd wir da verkauft haben.»

Phoebe nickte.

«Ich komme wieder», sagte sie.

Und dann lief sie. Die lange Seite der Rennbahn entlang, zurück zum Palast, durch den Pferdehof, in die Kammer der Pferdejungen, vor Endymions Bett. Der schlief.

Nun muss er aufwachen, dachte sie, muss er. Was jetzt geschieht, will ich ihm erzählen. Nur ihm.

Sie rief Memnon herbei.

«Kannst du nach ihm sehen? Immer mal wieder? Ich muss fort. Hämon braucht mich.»

Memnon nickte.

Sie durchwühlte die Truhe, fand die Panflöte und rannte zurück.

Bukephalos warf alle Heerführer und Zureiter des Königs ab.

Philipp wurde zornig.

«Der nützt mir so viel wie dem hungrigen Tantalos die Früchte vor seiner Nase, die er doch nicht greifen kann. Soll ich mich täglich ärgern über dieses schöne, flinke Pferd, das niemand reiten kann? Bring ihn fort. Ich kaufe den Braunen.»

«Lass es mich versuchen!», rief Alexander. «Wie lange soll ich hier noch stehen und – nur weil sie älter sind als ich – anderen den Vortritt lassen, die nicht mit Pferden umzugehen wissen? Soll ich warten, bis ich so alt bin wie die? Das werde ich nicht in dieser Stunde.»

«Wie?», sagte Philipp, «du machst älteren Leuten Vorwürfe, als wenn du gescheiter wärest als sie und mit einem Pferd besser umzugehen wüsstest?»

«Mit diesem wenigstens», behauptete Alexander, «glaube ich besser umgehen zu können als ein anderer.»

«Wenn du es aber nicht kannst», drohte sein Vater, «welcher Strafe willst du dich für deine Dreistigkeit unterwerfen?»

«Dann will ich», rief Alexander, «beim Zeus, dann will ich den Preis des Pferdes bezahlen!»

Einige lachten. Alexander zwang sich, ruhig zu stehen. Seine Wangen waren röter als jene Kieselsteine, die Phoebe im Bach für ihn gefunden hatte.

Wo bleibt das Mädchen?, dachte Hämon. Warum ist sie davongelaufen? Nur sie kann hier helfen.

«Du zahlst, mein Sohn», sagte Philipp, «oder deine Mutter. Es sei eure Sorge, wo ihr das Geld hernehmt.»

Alexander nickte. Schon wollte er auf Bukephalos zugehen, da siegte für einen Augenblick in ihm das Erbe des Vaters. Er drehte sich noch einmal um, schaute Philipp an, den Kopf leicht schief nach links geneigt.

«Wenn ich ihn aber reiten kann, mein Vater, mein König, wenn ich es schaffe, dann zahlst du?»

Philipp nickte. Und erschrak. Wir haben dieses Pferd gekauft, dachte er, wie es auch ausgeht, er oder ich, wir haben dieses Pferd gekauft. Wie hat er mich dazu gebracht?

Alexander lächelte. In seinen weichen, vollen, stark geschwungenen Lippen zuckten Triumph und Spott, aber ohne Stachel und ohne Bitternis, wie freundlich spielende Pferdeohren. Niemand lachte mehr. Die Heerführer und Zureiter, die ihre blauen Flecken und Prellungen rieben, wünschten ihm Glück, ohne Neid, ohne Missgunst, ohne Angst, von einem Kind übertroffen zu werden.

Alexander nahm die Zügel des tobenden Bukephalos und tat das, was er von nun an jeden Tag, jeden Morgen, die zwei Jahrzehnte ihres gemeinsamen Lebens tun würde: Er stellte ihn mit dem Kopf gegen die Morgensonne. Bukephalos schnaubte, brach seitlich aus, aber Alexander blieb immer dicht neben ihm, folgte rasch jeder Bewegung des Pferdes, ließ den Zügel niemals straff werden, und doch gelang es ihm, das Pferd immer wieder mit dem Kopf in die Sonne zu stellen, denn er hatte beobachtet, dass dieses Pferd vor dem eigenen Schatten scheute.

«Es ist schon recht», sagte er sanft und leise, «mit dieser Angewohnheit können wir Freunde sein. Wir wollen ja zur Morgensonne reiten, mein Freund. Mit dir will ich Persien erobern und alle Länder, die dahinter liegen.»

Bukephalos stand. Zwar zitterte er. Dahinten, das wusste er, war der Stall, in dem er geboren war. Bebend duldete er die sacht streichelnden Hände auf seinem Hals.

«Komm!»

Er folgte der Stimme, nicht einem Ruck am Zügel, der blieb aus.

Langsam gingen sie der Sonne entgegen. Niemand war vor ihnen, niemand näherte sich von der Seite. Für diesen Augenblick gab es keinen Schatten in der Welt.

«Persien», erzählte Alexander, «ist die Heimat der Rosen. Wir wollen reiten durch das Rosenland nach Indien. Und dort ist die Heimat der Gewürze und Spezereien. Und wenn es irgendwo köstlicher duftet als im Rosenland, dann im Land der Gewürze und Spezereien. Was dahinter liegt, wissen wir nicht. Aber man spricht von einem Seidenland fern im Osten. Selbst meine Mutter hat nur einen seidenen Chiton. Selbst meine Mutter schont dieses Kleidungsstück. Jenseits des Seidenlandes treffen wir den Okeanos, das Weltmeer, auf dem die Erde schwimmt. Dort schläft die Sonne des Nachts in seidenen Laken, dort treffen wir Helios, der seine vier Rosse vor den Sonnenwagen spannt, jeden Morgen, und die Sonne über den Himmel fährt. Willst du auch einmal über den Himmel fahren, vor den Sonnenwagen gespannt, schwarz zwischen den Schimmeln des Helios?»

Alexander öffnete die Spange seiner Chlamys, das rote Tuch fiel sacht zu Boden. Behend sprang er auf den Rücken des Pferdes. Vorsichtig nahm er die Zügel auf. Bukephalos schnaubte und kaute auf dem Mundstück der Trense. Das war dick und rund und hatte kupferne Rollen, die konnte er mit der Zunge drehen. Es war gar nicht so unangenehm, wenn niemand unten stand und sofort am Zügel riss, sobald er ein wenig mit seinem Schatten spielte. Die Stimme des Jungen war seinem Ohr nun näher als zuvor, die weiche Hand streichelte seine verkrampften Muskeln am Genick, die andere Hand hielt die Zügel, ganz sachte bewegte sie das Mundstück in seinem Maul, da spielten sie zu zweit mit den Kupferrollen. Das machte ihm fast so viel Spaß, wie mit seinem Schatten zu toben.

«Nun lauf!», sagte die Stimme.

Bukephalos spürte feste Beine an seinen Seiten. Das sanfte Spiel in seinem Maul war fort. Er streckte ihm den Kopf nach, wollte es zurückholen.

«Lauf!»

Wieder ein neues Spiel?

Er galoppierte an, fand die weiche Berührung der Kupferrollen wieder in seinem Maul, balancierte das leichte Gewicht des Jungen auf seinem Rücken, das folgte jeder seiner Bewegungen, grad so, wie sein Schatten es tat, die Stimme sprach zu ihm, mit ihm, die schwellenden Muskeln seines Halses erwiderten das Streicheln dieser Hand. Und alles erzählte von der Morgensonne.

Wie kann ich ihn wieder anhalten?, dachte Alexander. Wenn ich am Zügel ziehe, wird er zornig werden. Wie kann ich ihn wenden? Er wird dann seinen Schatten wieder sehen.

Aber Alexander, dem die Götter dienten, dem sie Delphine anlockten und Kieselsteine suchten, zweifelte nicht an seinem Geschick. Auf diesem Pferd werde ich nach Indien reiten, dachte er, und wenn wir nun gleich auf dem Weg zurück über den eigenen Schatten springen und ihn zurücklassen müssen … Und wenn die Sonne diesen Tag auslässt, es Abend wird, bevor es Mittag war, und sie nun gleich im Westen erscheint …

Phoebe war gerannt auf dem Weg zum Pferdehof, zurück ging sie langsam.

Wenn ich renne, bin ich nicht schneller, dachte sie. Was nützt es, wenn ich atemlos ankomme? Dann kann ich nicht spielen. Da sah sie ein schwarzes Pferd mit einem Jungen über die lange Seite der Rennbahn galoppieren. Es kam auf sie zu. Sie schaute sich um. Neben ihr war ein leerer Sockel. Sie kletterte hinauf, zwinkerte ihrem bronzenen Nachbarn zu, der, zwei Meter groß und hirschlangbeinig, müde das Öl von schlaffen, entspannten Muskeln seines Oberarmes schabte.

«Pass mal auf», sagte sie, «jetzt wirst du was erleben. Das macht dich wach.»

Als Bukephalos näher kam, begann sie zu spielen. Ihre alten Lieder.

Sie kannte sie noch.

Er kannte sie auch.

Alexander spürte sofort, dass der Hengst unter ihm plötzlich ein Ziel hatte. Er wurde nicht schneller, er ging nicht durch, aber unbeirrbar lief er auf den Sockel zu, auf dem vorhin noch keine Statue gestanden hatte. Da hörte auch Alexander die Flöte.

Pan? dachte er. Wieder?

Und dann standen sie sich gegenüber:

Phoebe, die Flötenspielerin –

Alexander, der Königssohn –

Bukephalos mit der breiten Stirn, auf der des Nachts das Mondlicht mit den Sternen tanzte –

Es war nicht Nacht, es war Morgen, da tanzte er mit seinem Schatten, dem Sommersonnenschatten, dem Morgensonnenschatten, wenn nur Phoebe da war und auf der Syrinx spielte.

Alexander gab die Zügel nach, nicht ganz, dass sie nicht zu weit durchhingen, dass dieses Pferd nicht hineintrat bei den absonderlichen Sprüngen, die es machte. Er hielt die Zügel locker in der linken Hand und setzte die Hand fest auf den Widerrist, denn er brauchte all seine Aufmerksamkeit und Beweglichkeit, um den Hengst nicht zu stören bei seinem Tanz.

Ich muss mittanzen, denkt er, es ist gar nicht so schwierig. Ich muss nur lauschen auf die Musik.

Bukephalos trabt schwebend um den Sockel der flötenden Statue, er geht seitwärts hin und her mit anmutig gebogenem Hals, er trabt auf der Stelle, er galoppiert seitwärts auf der Stelle und dann rundum im Kreis um seine Hinterhand, er steht und erhebt sich auf den Hinterbeinen, einen jauchzenden Flötenton lang steht er so, und dann hebt er mal das rechte, mal das linke Vorderbein hoch bis zu den Nüstern und setzt es mit einem kleinen Schnörkel, einem fröhlichen Triller, wieder ab …

Hätten sie nicht so zusammenbleiben können, diese drei?

Auch Endymion hätte eingesehen, dass es da keinen Grund mehr gab zu irgendeiner Eifersucht. Es war nicht Endymion, der verhinderte, dass sie tanzend durch die Welt zogen. Es war keine Welt da, durch die sie tanzend hätten ziehen können. Die Welt, das glaubten alle, wollte erobert werden, und Alexander wollte dies tun.

Phoebe, Selene, Mondgöttin, sei froh, dass du die Fetzen seiner Chlamys in den Abfallkasten der Liebesgöttin geworfen hast. Nur heute, nur noch wenige Minuten wird er bei dir sein, jener andere Alexander, dann wird er sein Pferd wenden, es wird dann sein Pferd sein, das Pferd, auf dem er die Welt erobern wird, nein – es scheut nicht mehr vor seinem Schatten, Zigtausende, Hunderttausende wird er begeistern in seinem kurzen Leben, glücklich macht er keinen, auch nicht die Frauen, die er lieben wird, nur ein einziges Kind wird er haben, und das wird krank sein.

Du aber, Phoebe, Selene, Mondgöttin, du sollst glücklich sein. Niemals jedoch glücklicher als in diesem Augenblick.

Bukephalos steht.

Phoebe hört auf zu spielen.

Bukephalos drückt die breite Stirn gegen ihre Brust. Sie schlingt die Arme um seinen Kopf, legt das Gesicht zwischen seine Ohren. Wahrscheinlich weint sie.

Alexander legt ihr beide Hände auf den Kopf und darauf seine Stirn, die mit den wirren, verwirrenden, blonden Locken.

«Du», flüstert er, «ich habe verstanden, auf welchem Pferd ich sitze, aber, sage mir, bist du auch das Mädchen, das Flöte spielte, als er gezeugt wurde?»

Er fühlt sie nicken unter seinen Händen.

«Ich danke dir. Du hast ein Wunder geschaffen.»

Er lässt sie los, richtet sich auf. Sie hebt den Kopf. Sie schauen sich an.

Da hat er, es ist wirklich so, zwei tiefblaue, sehnsuchtsblaue Augen.

Einen kurzen, unendlichen, ewigen Augenblick lang. Es ist ein Abschiedsblick.

Zur Morgensonne reiten wird er mit diesem Pferd, bis Indien wird es ihn tragen, an den Rand der bekannten Welt, alle seine Siege wird er auf diesem Pferd erringen, auch den letzten gegen die Kriegselefanten des Inders Poros, aber nach dieser Schlacht stirbt Bukephalos, das seidene Bett der Morgensonne erreicht er nicht. Auch Alexander wird es nicht erreichen. Auch er kommt der Morgensonne nicht näher als sein Pferd. Auf dem Rückweg wird er sterben.

Was hast du, Phoebe, Selene, Mondgöttin, was hast du getan, indem du diesem Menschen dieses Pferd schenktest?

Schon sieht sie, wie sein linkes Auge sich erhellt, wie es kühler, flacher, härter wird, wasserhellblau und fremd.

Er wendet sein Pferd und trabt zurück.

Jubelnd empfingen ihn die makedonischen Fürsten.

Philipp zahlte die dreizehn Talente.

Kalais darf ein Schimmel werden

Als Phoebe in die Kammer der Pferdejungen trat, fand sie Endymions Bett umstellt von Ärzten. Sie hatte kaum noch die Kraft zu erschrecken. Glück oder Unglück, dachte sie, ich ertrage es heut nicht mehr.

Er war aufgewacht.

Er hatte die Augen offen.

Nun wollten die Ärzte wissen: Kannst du uns sehen? Erkennst du uns?

Erkennst du das Mädchen? Kannst du sprechen? Magst du trinken?

Essen? Kannst du den Kopf bewegen? Die Hände? Die Füße?

Es dauerte noch Tage, bis er das alles konnte.

Dann aber erkannte er sie: Seine Augen nickten.

Er konnte sprechen: Erzähl mir.

Er mochte trinken. Essen.

Er konnte den Kopf bewegen: Er wandte ihn ihr zu.

Er konnte die Hände bewegen: Er griff nach ihren.

Er konnte die Füße bewegen: Sie zuckten.

«Ich werde wieder laufen können. Rennen. Springen. Reiten.»

Und sie erzählte ihm alles.

Alles? Ja, alles.

Da war nichts in ihrer Begegnung mit Alexander, das sie ihm hätte verschweigen müssen.

Und er verstand.

Einmal lachte er.

«Was hast du gemacht mit dem Ball, mit dem Krug, den Stofffetzen?»

Sie wurde rot, senkte den Kopf.

«Es war richtig. Es gibt keinen besseren Platz dafür. Aber du darfst es nie einem Priester erzählen.»

Sie nickte.

«Mit dir will ich gern ein Geheimnis haben.»

Und sie erzählte, dass Philipp ihm die Freiheit schenkte.

«Und er wird bezeugen, dass du ein Sohn des Pylades bist …»

Er runzelte die Stirn.

«Wir werden gehen. Natürlich. Nach Athen. Nur – ich lasse Kalais nicht gern zurück, weißt du. Er wird ein Schimmel werden.»

«Kalais», rief sie, «den hat er dir geschenkt. Wir dürfen ihn mitnehmen. Kalais darf ein Schimmel werden.»

Da lachte er.

Nicht nur mit dem Mund. Mit dem ganzen Körper. Mit zuckenden Füßen. Mit zappelnden Händen. Mit bebenden Nasenflügeln.

Und seine Augen strahlten.

Braun. Hellbraun. Goldbraun.

Eins wie das andere.

Namen und Begriffe

Agora	Marktplatz
Amphore	dickbauchiges Gefäß mit schmalem Hals und zwei Henkeln
Äolsharfe	Windharfe, zwischen Bäumen wurden Saiten gespannt, auf denen der Wind spielte
Asklepios	griechischer Gott der Heilkunst, sein Heiligtum stand in Epidauros
Astragalos	Knöchel aus den Sprunggelenken des Schafes, wurde als Würfel zum Spiel benutzt
Aulos	Doppelflöte mit einem Mundstück, die rechte Hand spielte die Bassflöte, die linke die Sopranflöte
Boreas	Nordwind
Chalkidike	Halbinsel in der nördlichen Ägäis
Charon	Fährmann, der die Verstorbenen über die Flüsse der Unterwelt in das Land der Toten bringt
Chiton, der	siehe Kleidung
Chlamys, die	siehe Kleidung
Cymbeln	kleine Becken, die aufeinander geschlagen werden
Doppelflöte	siehe Aulos
Hades	Gott der Unterwelt, Herr im Reich der Toten
Himation, das	siehe Kleidung
Hymettos	Bergzug östlich von Athen, dort produzierten die Bienen angeblich den süßesten Honig
Hypnos	Gott des Schlafes
Jason	Sagengestalt, siehe Medea
Kleidung	griechische Kleidung wurde nicht genäht, einfache rechteckige Tücher wurden um den Körper geschlungen *Chiton:* hemdähnliches Gewand, an beiden Schultern mit Spangen gehalten

	Chlamys: kurzer Umhang, von einer Schnalle gehalten, die entweder vorn oder auf der rechten Schulter getragen wurde *Himation:* von Männern und Frauen getragen, hatte die Funktion eines Mantels, großes rechteckiges Tuch, das auf verschiedene Weise um den Körper geschlungen werden kann *Peplos:* langes Frauengewand, auf beiden Schultern von Schnallen gehalten
Krater	großes Gefäß mit weiter Öffnung
Lysippos	einer der wichtigsten Bildhauer, er schuf Bronzestatuen und stellte sein Modell naturgetreu dar. Als Erster bildete er Statuen, um die man herumgehen konnte, die von allen Seiten dem Vorbild entsprachen. Alexander wollte von keinem anderen dargestellt werden
Mänaden	«die Rasenden», Frauen, die im Dienste des Gottes Dionysos rauschhafte Feste feiern
Medea	zauberkundige Königstochter, die durch magische Mittel die Liebe des Jason gewann
Mine	siehe Münzen
Münzen	alle Stadtstaaten und Kleinkönigreiche prägten Münzen, unter den gebräuchlichsten Währungen war der Obolos die geringste Münze, dann folgte die Drachme, die Mine und als höchste Münzeinheit das Talent
Narde(nöl)	Sammelbegriff für verschiedene, wohlriechende, kostbare Pflanzen, z. B. der Große Speik und der Nardenbaldrian
Nereus	alter, den Menschen freundlicher Meergott, seine 50 Töchter nennt man Nereiden
Nymphen	niedere Gottheiten in Gestalt junger Mädchen, die Teile der Natur bewohnen und beschützen

	als: Bergnymphen, Baumnymphen, Flussnymphen usw.
Obolos	siehe Münzen
Orpheus	berühmtester Sänger der Griechischen Sagen. Mit seinem Gesang bewegte er Felsen und Bäume und zähmte wilde Tiere
Panflöte	siehe Syrinx
Pegasos	geflügeltes Pferd
Peplos (der)	siehe Kleidung
Perseus	Halbgott, Sohn des Zeus
Rosse, rossig	Paarungsbereitschaft der Stute
Satyr	Waldgeist im Gefolge des Dionysos, koboldhafte Wesen mit borstigen Haaren, Ziegenohren und kleinen Schwänzchen, die den Nymphen nachstellen und allerhand Schabernack treiben
Syrinx	Flussnymphe, sie floh vor dem in sie verliebten Pan ins Schilf und wurde in Schilfrohr verwandelt. Pan zerschnitt das Schilfrohr in Röhren verschiedener Länge und erfand so die Panflöte, auch Syrinx genannt
Talent	siehe Münze
Tantalos	reicher König, der die Götter verhöhnte. Zur Strafe musste er – geplagt von Durst und Hunger – auf einem Fluss fahren, umgeben von Wasser und Früchten. Beides konnte er nicht erreichen.
Vlies	Tierhaut mit Fell
Zeus	oberster griechischer Gott
Zikade	Insekten, bei denen die Männchen Zirplaute erzeugen. Sie galten im alten Griechenland als Symbol der Musik, wurden in Käfigen gehalten, Frauen banden sie sich mit goldenen Fäden ins Haar

Plutarch über Bukephalos

Plutarch: griechischer Schriftsteller, geboren um 50 nach Christus. Er lebte also ungefähr 400 Jahre später als Alexander. Plutarch schrieb Lebensbeschreibungen berühmter Griechen und Römer. Sein Bericht über Alexander ist einer der ältesten noch heute erhaltenen. Daraus stammt dieser Text:

Ein Thessalier namens Philoneikos brachte dem Philippos den Bukephalos für dreizehn Talente zum Verkauf. Man begab sich aufs Feld hinaus, um das Pferd zu probieren, fand es aber wild und ganz unbrauchbar, weil es weder aufsitzen ließ, noch das Anreden von einem aus Philipps Gefolge vertrug, sondern sich gegen jeden, der ihm zu nahe kam, aufbäumte. Philippos geriet darüber in Unwillen und befahl schon, das äußerst wilde und unbändige Pferd wieder wegzuführen, als Alexander, der zugegen war, sagte: Um welch schönes Pferd bringt man sich da, bloß weil man es aus Mangel an Mut und Geschicklichkeit nicht zu behandeln weiß! Anfänglich schwieg Philippos dazu still; als aber Alexander wiederholt darüber redete und das Pferd bedauerte, sagte er: Wie? Du machst älteren Leuten Vorwürfe, als wenn du gescheiter wärest als sie und mit einem Pferd besser umzugehen wüsstest?– Mit diesem wenigstens, antwortete jener, getraue ich mir besser umzugehen als ein anderer. Philippos versetzte: Wenn du es aber nicht kannst, welcher Strafe willst du dich für deine Dreistigkeit unterwerfen? – Ei, beim Zeus, dann will ich den Preis des Pferdes bezahlen.

Darüber entstand nun ein großes Gelächter, und nachdem sie wegen der Summe miteinander einig geworden waren, lief Alexander zum Pferde hin, fasste es beim Zügel und kehrte es gegen die Sonne, vermutlich, weil er bemerkt hatte, dass es durch den vor ihm niederfallenden und hin und her schwankenden Schatten scheu würde. Auf diese Art lief er ein wenig neben dem Pferde her und streichelte es, solange er es noch vor Zorn und Hitze schnauben sah; dann aber ließ er den Mantel sacht fallen, schwang sich behend hinauf und setzte sich im Sattel fest. – Anfangs fasste er den Zügel ganz kurz und hielt das Pferd, ohne es zu schlagen oder zu spornen, zurück; wie er aber bemerkte, dass es sein drohendes Wesen verlor und nur begierig war zu laufen, sprengte er mit verhängtem Zügel davon, so dass er es nun durch dreisteres Zurufen und Schlagen mit den Füßen anregte. Philippos und seine Begleiter waren erst in großer Angst und schwiegen still; allein als er ordentlich umlenkte und voll stolzer Freude zurückkehrte, erhoben alle ein lautes Geschrei, der Vater aber, sagt man, fing vor Freude an zu weinen, küsste ihn beim Absteigen und sagte: Suche dir, mein Sohn, ein Königreich, das deiner würdig ist; Makedonien kann dich nicht fassen.

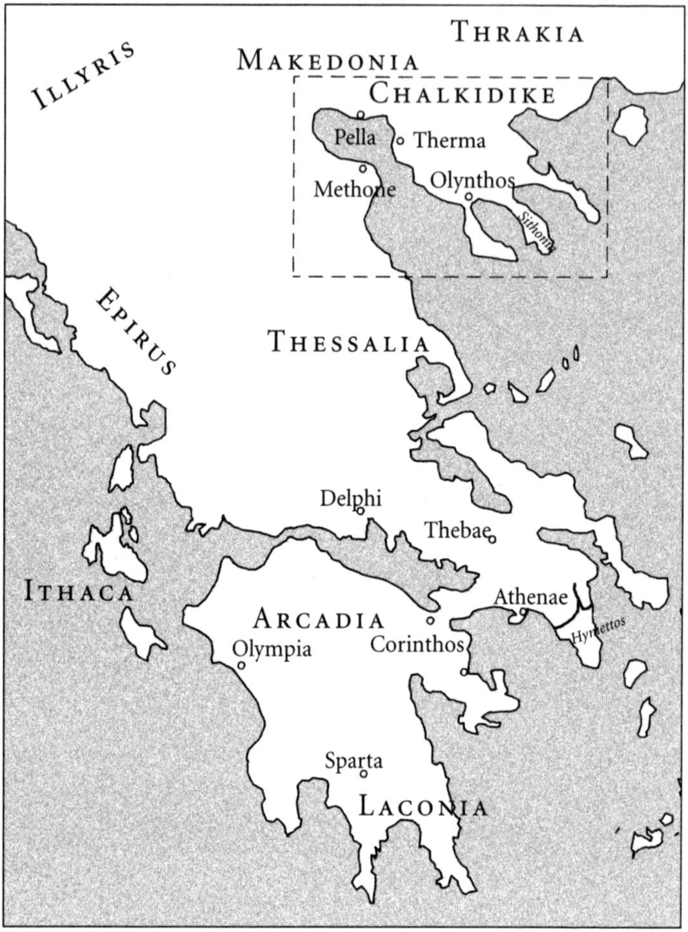

Griechenland zur Zeit König Philipps von Makedonien

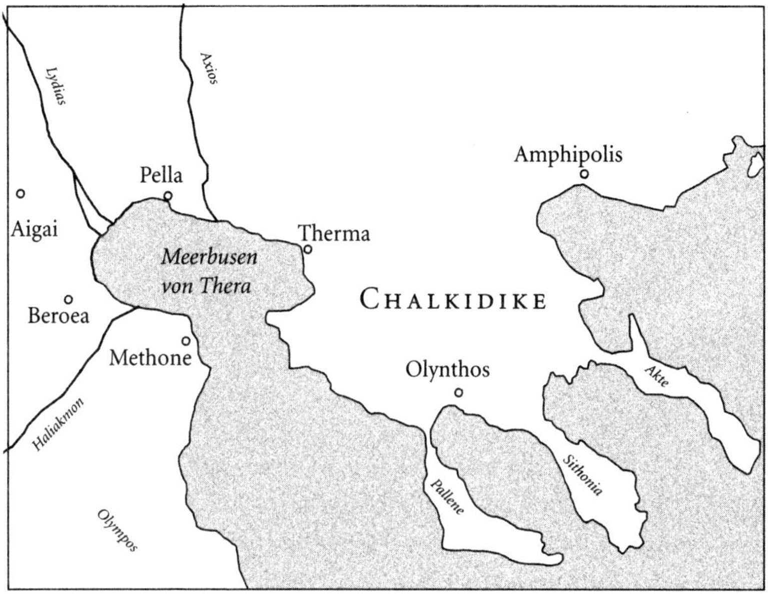

Makedonien zur Zeit König Philipps

Elizabeth E. Wein

Der Winterprinz

Aus dem Englischen von Barbara Brumm
228 Seiten, gebunden mit Schutzumschlag

Medraut, Artus' ältester Sohn, scheint durch seine Stärke, seinen Mut und seine Gewandtheit dazu prädestiniert, das Erbe des Königs anzutreten. Aber der Makel seiner Geburt hindert ihn daran. An seiner Statt wird Medrauts Halbbruder Lleu zum Thronfolger bestimmt, der mit seinem Bruder nicht die geringste Ähnlichkeit hat. Er ist zart, feingliedrig, oft krank, ängstlich und in den Waffen ungeübt. Selbst seine schöne Zwillingsschwester Goewin wäre geeigneter, Britannien zu regieren. – Kann es gut gehen, wenn Artus den enttäuschten älteren Sohn zum Helfer und Lehrer des jüngeren bestimmt, der vor aller Welt als Prinz von Britannien seinen Bruder in den Schatten stellt?

«Psychologische Ausdeutungen sind nur selten so spannend und so eindrucksvoll zu lesen wie Medrauts Aufzeichnungen für seine böse Mutter Morgause.» *Stuttgarter Nachrichten*

«… eine gelungene Ergänzung und Ausweitung des Artus-Sagenkreises und ein literarisch niveauvoller Roman.»
Erziehungskunst

Verlag Freies Geistesleben

Rosemary Sutcliff

Tristan und Iseult

Aus dem Englischen von Bettine Braun
Mit Illustrationen von Victor Ambrus
134 Seiten, gebunden mit Schutzumschlag

«Dies war aber das erste Mal, dass sie einander berührten, seit die Prinzessin Tristans Wunden gepflegt hatte, und es war eine andere Art der Berührung; und als er sie niederließ, fanden sich ihre Hände, als wollten sie die Nähe nicht so rasch enden lassen. Und wie sie da so Hand in Hand standen, blickten sie einander an, und Tristan sah, dass die Augen der Prinzessin von einem dunklen Blau waren wie das Gefieder der wilden Waldtauben; und sie sah, dass die seinen grau waren wie das unruhige Meer jenseits der Bucht. Und sie standen so nahe beieinander, dass jeder sein eigenes Spiegelbild in den Augen des anderen sah; und es war, als ginge in diesem Augenblick etwas von Iseult in Tristan ein und etwas von Tristan in Iseult, das sie ihr Leben lang nicht mehr verlieren würden.»

«Ein literarisches Meisterwerk, eine dramatische Liebesgeschichte ... Wer hierin einmal angefangen hat zu lesen, der kann nicht mehr aufhören.»
Arbeitsgemeinschaft Jugendliteratur Berlin

Verlag Freies Geistesleben

Janni Howker

Der Dachs auf dem Hausboot

und andere Erzählungen

Aus dem Englischen von Cornelia Krutz-Arnold.
237 Seiten, kartoniert

Mit bewundernswerter Dichte und Einfühlsamkeit erzählt Janni Howker ihre ersten fünf Geschichten, so dass sie sich wie kleine Romane lesen. Sie sind dem heutigen Leben abgelauscht und verändern unseren Blick auf den Menschen und seine Begegnungen.
Für Ihre Bücher erhielt Janni Howker die folgenden Auszeichnungen: *The Whitbread Childrens' Novel Award, The Young Observer Fiction Prize, The Somerset Maugham Prize.*

«Diese fünf Geschichten von den Beziehungen zwischen jungen und alten Menschen sind vom Feinsten… Man sollte sie nicht übergehen … Janni Howker ist eine erstaunlich begabte Schriftstellerin.» *The Times Educational Supplement*

Verlag Freies Geistesleben